OPERATING
A GOOD BOOKSTORE

做个好书店

——成功运营书店的高级修养

三 石 ◎ 著

青岛出版集团 | 青岛出版社

图书在版编目（CIP）数据

做个好书店：成功运营书店的高级修养 / 三石著 . —青岛：青岛出版社，2022.3
ISBN 978-7-5552-8816-9

Ⅰ.①做… Ⅱ.①三… Ⅲ.①书店 – 经营管理 – 研究 – 中国 Ⅳ.① G239.23

中国版本图书馆 CIP 数据核字（2019）第 283848 号

ZUO GE HAO SHUDIAN——CHENGGONG YUNYING SHUDIAN DE GAOJI XIUYANG

书　　名	做个好书店——成功运营书店的高级修养
作　　者	三　石
出版发行	青岛出版社（青岛市崂山区海尔路 182 号，266061）
本社网址	http://www.qdpub.com
责任编辑	吴华姝　周　瑜
装帧设计	李帅帅　姜　键
照　　排	青岛出版社教育设计制作中心
印　　刷	北京利丰雅高长城印刷有限公司
出版日期	2022 年 3 月第 1 版　2022 年 3 月第 1 次印刷
开　　本	16 开（710mm×1000mm）
印　　张	19.5
字　　数	280 千
书　　号	ISBN 978-7-5552-8816-9
定　　价	98.00 元

编校印装质量、盗版监督服务电话：4006532017　0532-68068050

书店人的梦想

三石先生请我为他所著的《做个好书店——成功运营书店的高级修养》(以下简称为《做个好书店》)作个序,我欣然接受了。之所以欣然接受,是因为我和三石是业界同人和朋友,朋友之事理应鼎力相助。但是,我更是被他30多年来在发行行业勤奋耕耘,致力于推动中国书店业发展的情怀感动。三石先生本名张磊,他从基层书店干起,经历了书店业从计划走向市场、从封闭走向开放、从分散走向集约、从传统零售走向现代全媒体全平台发展的历史过程。正是因为有这样的经历,加上勤于思考,他早年间就以三石的笔名发表过许多研究文章,在行业内崭露头角。进入21世纪,三石先生开始专心研究书店业发展,著述颇丰,其中《书店革命——中国实体书店成功转型策划与实战手记》一书是他的代表作。跨入新时代,三石先生把推进书店业转型升级、实现高质量发展作为重点研究目标,结合国际书业发展经验,针对在中国书店业融合发展的形势下如何办好一家书店这一问题,从书店选址及设计、商业模式、经营管理、团队建设等多个方面，较为系统地阐述了自己的观点。他主持设计了26家主题不同、风格各异的书店，如哈尔滨的"果戈里书店"、沈阳的"歌德书店"、青岛的"栈桥书店"、延安的"中国红色书店"以及合肥的"徽州书局"等，这些书店几乎都成为"网红"打卡地和城市文化地标。他设计的多家书店在中国书刊发行业协会主办的"中国书店致敬活动"中被评为年度"最美书店"或"主题书店"。三石先生还在百道网开设了网课，专授书店业管理课程。此外，他还是中国书刊发行业协会特聘教授，在每年协会举办的业务培训班上专题讲授营销管理。他讲课开门见山，案例丰富，观点鲜明，不落俗套，且语言幽默，因此他的课颇受学员欢迎。在业内，知道三石的人很多，而知道他叫张磊的却不多，这恐怕是品牌效应的结果。

《做个好书店》是近年来三石先生潜心研究书店业改革与发展的又一个新成果。近年来，新技术日新月异，既为书店业提供了更加广阔的发展空间，也对深度融合发展提出了更高的要求，而新冠肺炎疫情给实体书店带来了很大冲击，不少书店陷入困境。在此形势下，书店业如何面对挑战与机遇，成为业界共同关注的问题。《做个好书店》基于上述背景，就书店建设和管理问题展开讨论。本书共有7章、30讲，涵盖了人、货、场管理的多个方面。作者注重分析和总结近年来国内外书店业创新发展的最新成果，深入浅出地阐述了以大数据为基础、以读者体验为中心的新零售商业文化的核心内容和发展特点，力求以新发展理念打造新发展格局，促进书店业高质量发展。本书虽不是学术著作，也不是教科书，但结构完整，逻辑清晰。作者用通俗易懂的语言与大家分享自己的心得体会，套话不多，干货满满，叙事话人，娓娓道来，具有较强的可读性和沉浸式体验感。

《做个好书店》的出版发行可谓恰逢其时。"十三五"时期，我国出版物发行业总体规模稳步增长，市场主体不断壮大，综合实力显著增强，发展方式加速转变，产业布局更趋优化，网点设施显著改善，两个效益不断凸显，整体呈现出稳健发展的良好态势。2021年是"十四五"开局之年，出版物发行业继续推进高质量发展，并取得了良好的业绩。但是，出版物发行业的发展仍然面临着诸多挑战。世界百年未有之大变局与新冠肺炎疫情叠加，我国经济发展的内外部条件正在发生深刻变化，出版物发行业也面临着复杂多变的形势。进入新发展阶段，高质量发展成为鲜明主题，高品质生活成为主要目标，然而出版物发行业发展不平衡不充分问题依然突出。此外，行业内存在恶性竞争的现象。实体书店受到来自平台经济和疫情的双重冲击，原有的商业逻辑一再被打破，不少书店举步维艰。最近业界讨论的热点就是图书发行业、特别是实体书店能否走出困局，如何走出困局。有人提出现在实体书店进入了"迷局"，甚至有人认为实体书店最终会退出市场，被淘汰"出局"。在此情形下，《做个好书店》的出版有助于业界同人正确认识当前的形势，从宏观上把握发展的大趋势，增强发展信心，更有助于他们从操作层面提升市场竞争能力，练好内功，从而更加积极主动地应对挑战。从辩证的角度看，变化是一切事物发展的常态。我们一直处在变局之中。有变局之源，就有破局之道。变局常变，破局不止，这不仅是事物发展的逻辑，也是我们创新发展的动力。

全国目前有约14万家零售书店（网点），情况各异。三石先生在本书中就如何做好一个书店提供给大家一些方法和路径，这些虽不是包治百病的灵丹妙药，但从业者可以从中得到一些启发，领悟破局之道。期望业界同人勠力同心，共同为中国书店业更加美好的未来努力奋斗。

用打造百年老店的匠心和情怀做个好书店，是所有书店人的梦想。我们都是追梦人。

最后预祝《做个好书店》发行大吉，并对青岛出版社出版此书，助力发行业高质量发展表示由衷的感谢！

中国书刊发行业协会理事长　艾立民
2022 年 2 月 12 日于北京

目 录

序　书店人的梦想 …………………………………… 艾立民 / 001

第一章　多维度构成好书店

第 1 讲　给好书店画张高质量的像 / 003

第 2 讲　经营者的思维、品味、能力决定好书店的品质 / 009

第 3 讲　优秀的服务文化和品牌文化是好书店的血脉 / 013

第 4 讲　精准的商业模式是好书店长寿的妙药 / 019

第 5 讲　文化地标和旅游地标是好书店的最高境界 / 023

第二章　空间、文化、阅读、服务、社交"场景"再造价值

第 6 讲　打造品牌化的"网红书店"并使之具有强大的生命力 / 029

第 7 讲　五大"沉浸式场景"连接书店与读者的强关系 / 041

第 8 讲　全程控制，让书店空间设计与实施效果最大化 / 049

第 9 讲　提升销售力的书店场景营造 10 个细节 / 055

第三章 "垂直细分"与"跨界连接"创新书店形态

第 10 讲　精准定位和内容营销是主题书店生存的核心 / 089

第 11 讲　"传播红色文化、弘扬革命精神"
　　　　　——打造"红色书店" / 097

第 12 讲　高校书店的核心在于符合教育精神 / 103

第 13 讲　书店跨界思维与跨界原则、类型、模式 / 107

第 14 讲　"书店 +"的 14 个形态与整合运营技巧 / 115

第 15 讲　书店与教育研学产业及文旅产业融合与操盘 / 149

第四章　拥有专业素质的硬核团队是书店持久的竞争力

第 16 讲　书业、文化、营销三重标准培养员工 / 157

第 17 讲　好书店需要打造更多年轻的金牌店长 / 163

第 18 讲　书店员工必须掌握的专业知识和技能 / 173

第 19 讲　选品力、营销力、美陈力、文案力应是整体素质要求 / 177

第 20 讲　掌握读者学、消费者心理学、消费者行为学知识才能
　　　　　完美销售 / 183

第五章　用书店极致服务打造读者忠诚度

第 21 讲　"极致服务",体现数字时代实体书店的温暖 / 191

第 22 讲　掌握会员五大消费特征，粘住会员并永久维系其忠诚 / 195
第 23 讲　基于读者数据的分析与门店管理 / 201
第 24 讲　满足精神需求，巧用"储值营销" / 209

第六章　以"终端是金"为原则创新线上线下融合营销模式

第 25 讲　提升门店销售力的 9 个促销策划技巧 / 217
第 26 讲　策划书店活动与完美实施的 10 个细节 / 239
第 27 讲　以线上线下引流为目的的短视频、直播营销技巧 / 265

第七章　新消费、新零售、新空间环境下"书店革命"的新策略

第 28 讲　新零售时代的商业逻辑与实体书店的创新路径 / 279
第 29 讲　"空间零售""策展逻辑"将推动书店再次转型升级 / 285
第 30 讲　强化阅读服务、阅读推广是生存之本和发展之道 / 289

后记　做好书店才有未来 …………………………… 三石 / 295

注　本书所用图片均为作者设计的书店照片。

做个好书店

OPERATING A GOOD BOOKSTORE

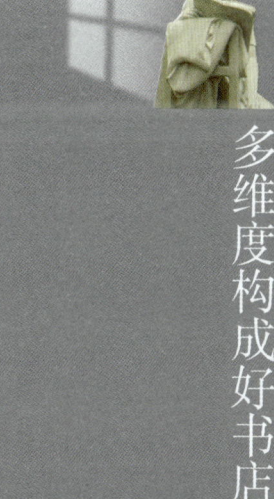

第一章
多维度构成好书店

拥有一家书店是很多读书人心中的梦想，遇上一个好书店对很多读者来说是"街角遇上爱"那般的福分。在浪漫的巴黎左岸，在伦敦的查令十字街，在荷兰的马斯特里赫特，在比利时布鲁塞尔的郊外，在美国的旧金山，在中国的每一座城市，你都可能遇上让自己怦然心动的好书店。

什么是好书店？"网红书店"是好书店吗？高颜值书店是好书店吗？好书店有什么标准？每个读书人心中都有好书店的标准，每个书店从业人员都有做好书店的目标，每个城市都有建设好书店的期盼。

第 1 讲

给好书店画张高质量的像

笔者从 2014 年开始策划实体书店转型，并在自己设计书店时提出"做有灵魂的书店""点燃读者心中那盏温暖的灯"，这是从读者的角度去思考如何做个好书店；笔者在 2016 年出版的《书店革命》一书中，提出最美书店的 5 个最美——"最美空间、最美品质、最美服务、最美体验、最美创意"，这是从行业的角度去思考如何做个好书店；笔者在给书店从业者培训时多次提出，一个好的书店必须"被城市认可，为读者所喜爱"，这是从城市和读者两个角度去思考如何做个好书店。

确实，我们应该有清晰的好书店标准，而且标准必须从"读者、地域、行业"这 3 个维度去考量。在此，笔者从这 3 个维度简单地为好书店画个像。

一、读者喜爱的书店

好书店就是读者的家，是读者巨大的书房，让读者有强烈的舒适感和愉快的阅读体验。这里是网络无法比拟的读者与书、与书店、与书友、与作者接触和交流的地方。

读者进了这样的书店，首先有强烈的归属感：这就是我想要的书店；在这里，我有"家"的感觉；这家书店里的书是我想读的；我在这里能挑到我想买的书，能体验到与书有关的服务。

在这里，能找到自己所需要的好书；
在这里，能享受书香四溢的温馨环境；

在这里，能经常参加滋养心灵并提升自己的阅读活动；

在这里，能经常参与书友们的交流以及与作者的交流；

在这里，能享受体现读书人尊严的温暖服务。

二、地域认可的书店

一个好书店与区域文化、当地人们的文化消费以及阅读习惯息息相关。书店定位要与区域文化相符合，这是好书店生存的根。好的书店要成为城市文化符号，不仅仅是读者在现实中相聚的地方，更是读者在精神上相连的地方。

区域文化承载着人们的集体记忆，是诱发情感体验的重要因子。历史情景作为人们集体记忆的载体，能够唤起人们的情感认同。"书店作为一个文化场所与人文符号，是一个城市沉淀人文气质不可替代的载体。"2014年，笔者在策划并设计哈尔滨果戈里书店时，就是围绕"城市的记忆"这一核心，打造中国首家纯欧式书店，最终呈现的效果是偏俄罗斯风格的纯欧式书店。仅两年时间，该书店便成为哈尔滨的文化地标和旅游地标。很多当地读者激动地对笔者说："这个书店是我多年来梦想的书店，是真正属于这座城市的书店。"后来笔者策划并设计的歌德书店、中国红色书店、汉中书城、栈桥书店等20多家书店，都是围绕"城市记忆"去策划的，力求让书店成为城市文化记忆的符号，被当地读者热爱、认可。为此，笔者在为一座城市策划和设计书店之前，会用大量的时间阅读当地历史文献，考察当地民俗，研究文化消费者的消费习惯和阅读习惯，为这座城市及读者"度身定制"书店，让这个书店完全属于这座城市。

在这里，书店是有着区域文化基因的书店；
在这里，书店是当地读者精神成长的圣地；
在这里，书店是这座城市重要的文化空间；
在这里，书店是城市精神生活的参与者及提升者；
在这里，书店是充分彰显地域和城市品位的地标。

三、健康运营的书店

读书人的书店梦是一种情怀或是情结，但真正做书店仅靠情怀是不够的。笔者的梦想和追求是做书店中的"百年老店"，百年老店不仅得是好书店，而且要是"常青树"。但是，做"百年老店"十分难，很多民营书店考虑的是能"活多久"。

2020年，疫情让实体书店进入"经营休眠期"，不断传来中小书店倒闭的消息。值得重视和反思的是，我们的书店经营模式中图书商品是赊销制，也就是说经营成本中重要的产品——图书并没有占用店主的资金。如果像正常的实体商业那样产品进货用的是自有资金，那么倒闭的实体书店会不会更多？

受疫情影响，实体书店自身存在的问题暴露了出来，如缺少优秀

的商业模式,缺少真正专业的书店运营团队,缺少业务风险管理机制,缺少顾客数据库管理与流量变现能力,缺少线上书迷聚合能力及打通线上线下整合销售的能力等。笔者在接受媒体采访时说:"疫情后的实体书店要反思、要重做,书店内部只有重新调整,模式、管理、运营、营销都要重做,才能经得起真正的市场考验。"

2020—2021年,各地政府加大对实体书店的扶持。以北京为例,2020年落实对实体书店的扶持资金总金额达1亿元。很多品牌书店得到资本及商业地产商的青睐,2021年全国开店数量增加,如"钟书阁"在全国开店速度加快,"觅书店"除在广东深圳开新店外,也向外省布局。但是,2021年下半年,仍传来不少民营书店倒闭的消息,最让人意想不到的是近年来实体书店的新标杆、在全国拥有近60家门店的"网红"书店"言几又"突然传出难以为继的消息,有媒体用"崩塌"二字形容,这着实让人唏嘘。

笔者认为,"健康运营"是好书店的基础,生存能力弱的书店无法实现做一个好书店的梦想。

在这里,有传播优秀文化的责任担当(健康的头脑);
在这里,有卓越的经营者和专业的团队(健康的体格);

在这里,有优秀的商业模式和持续盈利能力(健康的造血功能);

在这里,有高超的极致服务与营销传播能力(优秀的内在素质);

在这里,有成熟的文化营销活动策划与组织能力(出色的社交能力);

在这里,有优秀的书店文化品牌(超级社会符号)。

从这几个维度去思考,我们可以清晰地认识到"读者喜爱、地域认可、健康运营"的书店才能称得上是"好书店"。

第 2 讲

经营者的思维、品味、能力决定好书店的品质

"好主人，成就好书店。"这是笔者深刻的感悟。

书店经营者的文化理想与胸怀、团队的文化感悟，是构建书店文化与品牌的基础。经营者的格局与眼界决定书店的高度，文化素质与业务素质决定书店的运营质量。所以说，书店即人，人即书店。应该说，书店经营者的素质和气质就是书店的素质和气质。经营者是书店的精神领袖，是灵魂人物，是舵手。

无论是大体量的书城还是连锁的分店或独立的小书店，掌管书店的人或是称"经理"，或是叫"店长""主理人"。他们是书店的品牌代言人，是书店的管理者、指挥者，是员工的培训者、激励者，是问题的协调者、谈判者，是故障排除者，是工作成果的分析者。形象地说，一个店就是一个家，经营者就是一家之长，家长既要操心这个家的所有问题，如人员调配、读者服务、图书及其他产品销售、货品陈列与宣传、经营目标等，还要让家在外有良好的形象。家的气质就是主人的气质，家的内涵就是主人的内涵，家的品质就是主人的品质，书店亦然。

北京"万圣书园"是北京的文化地标之一，是爱书人心中的好书店。该书店的精神气质来自主人刘苏里，其精准的选书来自刘苏里，环境的设计和调性也来自刘苏里。万圣书园是真正的读者的家，万圣书园的一位资深读者曾说："和书店的老板、店员乃至猫，都已经是朋友了。"这就是好书店能成为百年书店的基因。笔者常说"做有温度的书店"，仔细想想，温度从哪里来？温度来自书店经营者的内心，来自经营者带领团队散发出的为读者服务的温度。

国营书店中，笔者认为四川新华文轩在人员培养上相当专业。2017年，"文轩BOOKS九方店"开业，让笔者感觉惊艳的不是其设计，而是团队。从定位到经营理念，从经理到员工，无不与书店文化及成都文化气质相符。几十位年轻员工前卫阳光、书香知性，员工宣传图片完全颠覆了传统书店宣传照的样子。书店的经理以及管理团队非常优秀。笔者受邀为四川文轩做培训时发现，管理层及员工的业务培训已经成为四川文轩的重要战略。这种培训不是一两堂课的培训，而是常年的、全方位的、系统的书业知识培训与业务技能培训。广东、江苏、湖南、湖北、云南、山东等地的新华书店近年来都在书店经理系统培训上下足了功夫。

笔者认为：要以统一标准培养优秀的书店门店经理（店长），并且积极培养后备经理力量。笔者在"百道学习"应用软件上有"如何打造实体书店金牌店长五十讲"音频课，大家可扫二维码收听。

第 3 讲

优秀的服务文化和品牌文化是好书店的血脉

书店在经营时要注重自身文化竞争力的提升。文化竞争力包括书店环境文化、商品文化与服务文化等。因此，书店要关注品牌文化建设。

一、以阅读服务为基础的书店服务文化

服务文化是企业文化的组成部分之一，指体现企业服务特色、服务水平和服务质量的物质因素和精神因素的总和。服务文化由3个层面的内容构成：

一是精神层面：包括服务意识、服务理念等。这是服务文化的核心。

二是物质层面：包括企业的服务形象、硬件设施及服务品牌等。这是服务文化的基础内容。2014年，笔者策划并设计果戈里书店时，曾与黑龙江新华书店集团领导及书店经理等一行去俄罗斯考察。笔者观察到一个细节：俄罗斯的一些图书馆、剧院、写字楼设有衣帽间，有专门的服务员帮顾客将外套存放在衣帽间。笔者与果戈里书店经理商量后，决定在果戈里书店内设置一间小型衣帽间为读者服务。这给哈尔滨读者带来了很大的惊喜，因为读者感受到了书店服务的专业，在书店享受到了尊贵的体验。

果戈里书店衣帽间

三是制度层面：包括服务机制、服务手段等。这是服务文化建设的重要保障。书店要将优秀的服务文化制度化，形成科学的管理体系和服务机制，将抽象的服务概念和要求变为具体的服务指标，渗透到书店的经营管理当中。

对书店而言，服务文化中的重中之重便是"阅读服务"。在 2021 年中国书店大会上，中国书刊发行业协会理事长艾立民指出："做好阅读服务工作才是实体书店生存之本和发展之道。实体书店在全民阅读活动中发挥着优秀内容的推荐者、阅读活动的组织者、阅读体验的服务者等多重作用。离开阅读，失去阅读服务，书店将失去存在的意义和价值。"这给我们书店提出了更高的要求，笔者会在第七章进行专题讲述。

二、打造书店品牌并提升品牌附加值

实体书店长远的发展离不开品牌的加持，一个有温度、个性鲜明、能够让读者产生共鸣的书店品牌必然会让人念念不忘。2019 年，中国书店大会以"品牌照亮书店"为主题，中国书刊发行业协会理事长艾立民在致辞时表示："品牌书店继续彰显出强大的生命力和影响力。国有新华书店的子品牌建设和民营书店的优秀品牌在优势领域竞相发展，各领风骚。"中国的实体书店不仅在努力推进品牌建设，而且在不断创新子品牌。2019 年，书店子品牌建设加速发展；2021 年，书店子品牌建设进入成熟期。

品牌是企业与消费者建立的持久稳定的互需关系，是消费者对企业及其提供的产品（包括附加在产品上的理念、文化等）或服务的体验和认知，企业通过向消费者提供这种体验和认知来建立并保持与其互需的关系。万圣书园、钟书阁、先锋书店、西西弗书店、大众书局等都是好书店品牌。

有些书店经营者认识到"品牌盈利"的重要性，但不知怎样提升品牌附加值。品牌附加值是品牌通过多种方式在产品的有形价值上附加的无形价值。无形价值与有形价值是同时存在的，是在产品物质功能基础上建立起来的消费者的精神享受。品牌盈利即附加值盈利，我们卖的不只是产品本身，还有产品的品牌价值。

笔者曾开玩笑说，我们书店行业不太懂得怎样把书店做得增值，有时越做越贬值，比如说只会用低折扣去争读者，但怎么也争不过网店。当下，抖音等短视频平台兴起，"9.9元"销售模式让实体书店雪上加霜。因此，我们要努力把书店打造成品牌，通过提升品牌附加值来盈利。

很多人到"茑屋书店"杭州店或是上海店，会感觉那里的图书及文创产品太贵，但有些人一边发朋友圈"吐槽"，一边忍不住购买并在朋友圈晒图片。笔者曾尝试为自己策划的品牌书店定制高价值、高利润、高格调的"金砖"式本子，结果非常好卖，但这种本子后来放到其他书店就销量一般。因此，提升品牌附加值是打造互联网时代实体书店竞争力的有效方式之一。

再进一步，就是使书店品牌进化成"超级IP"，打造不可复制的核心竞争力。必须强调的是，"超级IP"和书店的体量及面积无关。"IP"的终极目的是追求价值和文化认同。

根据吴声的观点,"超级 IP"具备独特的内容能力、自带话题的势能价值、持续的人格化演绎、新技术的整合善用、更有效的流量变现特征。

好书店一定要往"超级 IP"的方向去努力。笔者认为,如今,莎士比亚书店无论开在何处,它都是会成功的,因为它不仅仅是"超级 IP",而且已经成为经典。

在书店品牌建设方面,笔者有以下实操经验,供从业者参考:

1. 新店,用爆品营销,从无到有创建品牌。

在书店同质化竞争的环境中,策划好新书店的价值感是重点,也就是说我们在策划新店时,首先要考虑的问题应是如何让我们的书店成为一个"IP",具备传播的势能。在书店具备传播势能后,我们要考虑不断制作优质的内容加速传播。只有优质内容才能给读者一个传播的理由。

笔者在做新书店品牌的实践中,基本思路是:借助让读者心动的阅读场景、为读者精选的图书及非图书产品、让读者惊喜的极致服务、不间断的互动式文化活动、传统媒体和新媒体持续曝光等,从无到有地逐渐创建书店品牌并使其成为现象级实体书店。笔者在《书店革命》一书中曾讲过,2014 年,笔者打破传统的书店开业模式,将新店开业仪式策划成"中国首家欧式书店婚礼",开业当天下午,推出 365 天无间歇"朗读者计划"——一个纯读者参与的读书活动,以"365 天无间歇定时朗读"模式推动书店的品牌建设;同时,"朗读者计划"也成了品牌。笔者还为之策划了一句很有影响力并能让读者产生共鸣的宣传语:"用发自你内心的声音去感动自己,感染别人。"《人民日报》

对此做了专题报道。当年，我们还策划了"比童话还梦幻的夜晚——与茜茜公主那场优雅的邂逅"阅读派对活动（具体操作过程见《书店革命》），在当地掀起一股文化消费旋风。这家书店除每天的"朗读者计划"活动外，全年共举办了 500 场阅读活动，影响力很大。2015 年的北京书展上，我们在展台播放书店宣传片，邀请俄罗斯舞蹈家们在展台表演《天鹅湖》片段，还在现场给全国书业同人赠送书店体验券，迅速引起业界的关注。2016 年，央视《新闻联播》用 7 分钟的时长宣传报道果戈里书店。

2. 老店，用内容营销打造品牌。

一些经营多年的书店，虽说口碑不错，但随时可能被竞争者替代。我们需要通过内容营销，策划能触动读者情感并引发其内心共鸣的内容，从而得到读者对书店的认同。内容营销的重点一是创造内容，二是传播内容。首先要进行"故事化""场景化""娱乐化""知识化"的内容创作，然后用"内容 + 平台"的方式多元化地抢占平台，如微博、微信、抖音、小红书、快手、哔哩哔哩以及传统媒体等，确定自己的平台传播矩阵，持续输出与书店、书、读者有关的信息、思想、价值观。

笔者曾帮一家国营书店做了一个内容营销策划，其中一项是围绕书店的品牌定位，用抖音每天发布关于书店的视频。用关于人、书、服务、故事、活动等全方位展现书店品质的短视频及直播，配合内容营销，来完成这家老书店品牌知名度和美誉度的提升，最终助力销售。

最后，笔者想强调两点：第一，资本与书店品牌建设没有直接的关系，书店扩张与品牌建设也没有直接的关系。第二，书店品牌创建难，书店品牌维护更难。

第4讲

精准的商业模式是好书店长寿的妙药

有许多优秀的书店因为房租的压力、资金链的断裂以及疫情的影响倒闭了。还有一些书店店主凭"情怀"开店,开不了几年就倒闭了。近年来,很多书店开始多业态经营,学习诚品书店以及茑屋书店的跨界经营,但总是学不到位,仍然难以为继,这是为什么?百道新出版研究院院长程三国曾这样总结:"茑屋书店的主要收入来自运营商,收费项目包括策划、咨询、选品、运营等。也就是说,茑屋是一家策划公司,只是它的收费模式更加高级,把书店从策划到运营全程打包,可以多环节多时段持续收费。"其实这就是一套完整的商业模式。因此,笔者认为,大多数书店的困境在于没有为书店设计出精准的商业模式。笔者必须提醒的是,当下多地政府大力扶持实体书店,很多地区实体书店大幅度增加并呈繁荣景象,但书店得反思:离开了政府提供的资金扶持,书店能否生存下去?能自我生存下去的实体书店一定是有优秀的商业模式的。

早在2012年,笔者在《中国新闻出版广电报》上发表署名文章《商业模式是实体书店生存之道》,指出:"狭义的商业模式,即企业的价值主张和成本结构之间的关系,说的是企业如何去赚钱。而广义的商业模式,可以概括为企业做生意的方式,就是怎么样持续去赚钱。它包括价值主张、目标客户群、分销渠道、客户关系、价值配备、核心能力、伙伴网络、成本结构、收入模式等。如果从专业的角度去反思,实体书店的现有模式是十分脆弱的……因此,我们不能回避'商业'的属性,应在商言商,真正从商业的角度思考实体书店,彻底打破现有的传统实体书店经营模式,探索和创造在没有任何政策保护下具有持续盈利能力的实体书店商业模式。"2016年,笔者在《书店革命》一书中专门讲过"实体书店转型升级必须研究商业模式"。书店经营者如果片面地谈业态，以为增加业态就能提升生存能力，而没有用商业模式逻辑去设计自己的书店，就会发现很多书店的业态开始同质化，竞争力薄弱。当年的"光合作用书店"业态设计很超前，影响力也很大，属于好书店，但2011年由于资金链出现问题等原因，多家连锁店几乎一夜之间同时倒闭。当年光合作用书店是"图书+咖啡+文创"模式，选书能力很强，现在很多书店不也是这样的吗？有多少书店能超过当年的光合作用书店呢？会不会出现第二个或是第三个光合作用书店呢？其实很有可能，因为现在的很多书店没有精准的商业模式，只有打造出适合自己的商业模式，才有望成功。笔者认为，实体书店应根据当下的市场竞争环境以及读者购买习惯的变化来重构书店商业模式。因为，本质上，书店是一门生意。

笔者在2021年帮助安徽著名的民营书店——"育才书店"策划并设计了一个分店。这是一家经营教育类图书的专业书店，因此我们并没有增加咖啡、奶茶业务，而是把精力放在服务老师和学生上。我们在新书店中专辟了一个20世纪70年代怀旧场景型教室，一是陈列中小学教师参考用书，向当地老师提供阅读和教研服务；二是举办学生阅读讲座。同时，针对老师和学生的需求，我们设计了一系列向店外拓展的教育服务项目。其实，服务教育就是育才书店的最佳商业模式。

近两年，很多书店在商业模式设计上做了很多探索，如"大隐书局"承接图书馆整体运营，杭州"枫林晚书店"为阿里巴巴等互联网企业提供定制阅读文化服务等，这些都是好案例。

总而言之，笔者想表达的是，没有精准的商业模式、不能"长寿"的书店不能称为"好书店"。

第5讲

文化地标和旅游地标是好书店的最高境界

社会学家芒福德在《城市文化》中提到"景观是一种文化资源"。城市的文化地标作为一种独特的景观,对城市文化有着重要意义。文化地标既是城市文化特色的物质载体,又能够对城市文化的传承、弘扬和创新起到引领作用。一个好的文化地标,不仅意味着本身对人群的吸引,而且对城市文化创意、文化旅游产业的发展有着重要的催化作用。如今,城市地标更强调其社会属性和文化属性,我们可以将其看成城市文化的标记。从某种意义上说,文化地标重在从精神层面提升市民文化自信。

世界上公认的好书店有很多。很多城市拥有至少一家足以成为该城市名片的好书店,如旧金山的城市之光书店、纽约的斯特兰德书店、巴黎的莎士比亚书店、东京的茑屋书店等。很多游客慕名而来,就是想一睹这些象征城市精神的书店的风采。

万圣书园的刘苏里曾说:"你的书店在什么意义上介入或者是参与本地人的精神生活?我们可以将精神生活进行窄的界定与宽泛的界定:比较窄的界定就是公众生活;宽泛的界定就是连这个城市风雅的趋势都在这里。你的书店跟城市的精神生活有关系吗?如果一家书店跟城市的精神生活没有关系的话,笔者可以断定,它不是今天就是明天或后天就可能死掉。跟城市的精神生活结合的书店,即使今天活得困难一点,明天的日子也会改善,后天会活得很好。"

如今的文化地标,越来越突出大众文化的心理属性,强调人们对于城市空间要素的主观感知和心理感受。文化地标不仅仅是人们在现实中相聚的地方,更是一个城市的市民们在精神上相连的地方。这正是将实体书店打造成文化地标的核心意义。

因此，笔者提出来好书店必须是"地域认可的书店"。区域文化的优势在于其独特性。好书店是有灵魂的，是能够成为城市的文化地标的，它比建筑更有内涵和文化灵魂。书店成为城市文化地标的案例有很多，如2020年钟书阁首家文旅主题店开在四川都江堰，融合了巴渝地理文化特色。这种典型的文化地标的做法，得到了当地读者的高度认同。

说到文化旅游地标，很多人总误认为是风景区，笔者认为文化旅游地标应该首推书店、图书馆、博物馆、剧院或是音乐厅。有一年笔者去台湾，一到台湾便在夜里打的去诚品书店敦南店泡了一个晚上。敦南店和信义店是笔者去台湾行程中规划的必去之地。敦南店是公认的"台北文化旅游地标"。钟书阁都江堰店刚开业不到一年，便已经成为文化旅游地标，很多去都江堰旅游的人渐渐习惯去书店一游。先锋书店近年来所创建的那些乡村书店，也完全是标准的乡村文化旅游地标。笔者策划的延安中国红色书店、青岛栈桥书店以及哈尔滨果戈里书店，其策划本身就是奔着文化旅游地标去的。那几年，哈尔滨果戈里书店被几大旅游网站推荐为哈尔滨文化旅游地标、去哈尔滨旅游的必打卡地之一，几乎所有的旅游攻略上都有其身影。很多去哈尔滨的游客将果戈里书店列为继中央大街、索菲亚教堂之后的第三个必游地。

应该说，书店成为一座城市的文化地标和旅游地标，这是"好书店"的最高境界和标准。

做个好书店

BOOKSTORE

OPERATING A GOOD BOOKSTORE

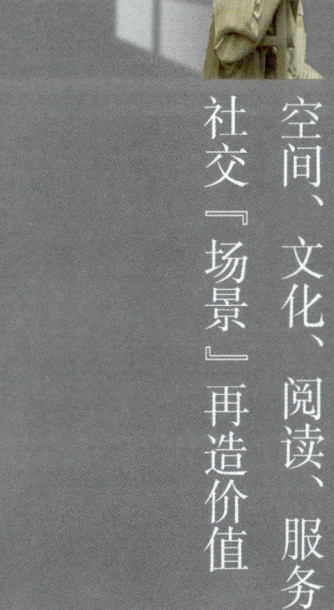

第二章

空间、文化、阅读、服务、社交「场景」再造价值

如何正确理解"场景"与"阅读体验"并使之助力书店销售力的提升？如何策划并打造一个有超强竞争力和营销力的书店？如何打造品牌化"网红"书店并使之具有强大的生命力？如何将销售与艺术相结合并创造图书及其他产品的畅销机会？如何构建完美的空间、文化、阅读、服务、社交五大"场景"，再造书店价值？

第6讲

打造品牌化的"网红书店"并使之具有强大的生命力

诺贝尔经济学奖获得者赫伯特·西蒙在预测当今经济发展趋势时指出：随着信息的发展，有价值的不再是信息，而是注意力。所以，当注意力和经济挂钩时，它就合理地变成了赚钱工具，即"注意力交易"或"注意力经济"。

笔者认为，注意力经济时代，"网红书店"是营销战略，希望全国每家书店都成为当地永远的"网红"，成为大众每天打卡的文化消费场所。但是，如果仅以惊艳炫目的设计所带来的视觉感受为标准来做书店，那这样的书店只能被称为"高颜值书店"，红不了几天。见多识广的读者很快会产生视觉疲劳、审美疲劳，昔日的"流量书店"就会变成"门前冷落鞍马稀"的"过气网红书店"。

如果你打造"网红书店"不仅是设计出"高颜值"空间，而且能运用"注意力经济"概念中的运营模式，通过空间、文化、产品、服务等提供独特的高沉浸感阅读体验，从而聚集高忠诚度读者并将其转化为购买力，那这家书店一定能是一个长久的"网红书店"。

大家想一下，法国巴黎的"莎士比亚书店"、阿根廷布宜诺斯艾利斯的"雅典人书店"、葡萄牙波尔图的"莱罗书店"、荷兰马斯特里赫特的"天堂书店"等，这些是不是"网红书店"？是的，这些是"世界级网红书店"，"红"了几十年并将持续"红"下去。日本的茑屋书店，中国的诚品书店、万圣书园、钟书阁、先锋书店、大众书局等也一直是"网红书店"。

每一家书店都应努力做这样的"网红书店"。进店之后，读者除了有舒适的空间视觉感受，还能享受到文化、阅读、服务、社交场景带来的有温度的阅读体验。这样，书店才能真正成为当地读者心灵的家园。

笔者认为：第一，没有设计感的书店容易被淘汰；第二，文化、阅读、服务、社交场景体验差的"网红书店"不会长存。

日本茑屋书店的创始人增田宗昭反复提出一条经营哲学：创造令人说"哇"的体验时刻！在这一经营哲学的指导下，茑屋书店成为无数人向往的网红打卡地。如今，茑屋书店已经不只在卖书，更是在卖让顾客惊艳的奇妙体验，从而形成一种与顾客同频共振的品牌文化，甚至演变成一种顾客崇尚的生活方式。《增长黑客》里对品牌的"增长"提出一个非常核心的前提条件，那就是为顾客创造"啊哈时刻"。什么叫"啊哈时刻"？通俗来讲，就是品牌为顾客提供某种特殊、愉悦的体验，让顾客兴奋地说"啊哈，太棒了"。这样，品牌就会给用户留下深刻的"体验印象"。请注意，实体书店的"啊哈时刻"是读者对书店综合体验的感受。

一、品牌化的"网红书店"是书店市场竞争战略

"网红"书店迅速成为当地"顶流"，让大众重新认识书店并走进书店，这不仅会成为当地的文化事件，而且图片和信息会很快传遍全国，使该书店成为不少旅游者的文化打卡地。

其一，网络时代，大众对实体商业空间"体验需求"至上，好的

商业空间一定是始于"颜值",稀缺的空间美感应是打造文化消费空间的基础。

其二,流量是竞争力。实体书店面临图书网络销售的重重压力和大众文化消费习惯的改变,越来越感觉到"流量"的重要性。

当下,社交媒体传播一体化、多向互动性以及圈层化传播的特点使独具特色的"网红"店铺迅速吸引大量年轻人到店"打卡",在互联网上逐渐成为"热点"。这类"网红"店铺在当下甚至未来会成为普遍的状态。实体书店无论体量多大,没有读者"流量"就没有销售。图书早已不是实体书店的独家产品,而越来越成为"载体",读者去实体书店消费往往表现为对文化生活方式和价值观等精神要素的消费。"网红书店"已经成为连接图书与读者情感体验的关键点。

2022年1月,9900平方米的南京"锦创书城"开业,被媒体誉为"新晋网红书店"。2022年2月22日,由西西弗助学中心打造的"掬和空间"在遵义开业,为贵州省最大的自营图书综合体,被誉为"最美文化空间"。2022年,新开的书店几乎都以"网红书店"为起点。

那么,怎样打造"网红书店"呢?根据笔者策划"网红书店"的经验,可用一句话总结:以爆品思维策划书店,以文化思维营造书店。

1. 策划每一家书店都要把书店当成"爆品"来做。
简单地说,首先要寻找价值锚。什么是"价值锚"?人们对某人或某事作出判断时,易受第一印象或者第一信息支配,这就像沉入海底的锚一样，人们的思想会固定在某处。价值锚就是从用户的痛点、用户参与营销等维度出发，寻找他们对一款产品作出判断的价值锚点。

2. 爆品的核心：体验大于一切，一切以用户为中心。

这里的核心关键词就是"可感知的用户体验"。体验一定要直接可感知，"价值锚"是以用户为中心的驱动，它的驱动关键不是技术等因素，而是用户的痛点、客户的尖叫度、爆点营销等。举个很细节的例子。笔者在策划某个"网红书店"时，曾对招聘的员工提出要求：一是文化和专业水平要高，二是形象要标准，三是待人要和善且笑容要从内心而发，四是说话要轻声细语。书店聘请的保安笔者都换过几次，要选形象让人舒服且让人一看就是善良人的保安，因为读者进书店第一眼看到的就是保安。

很多人说"颜值"就是竞争力，因为产品的"颜值"先被顾客感知。实体书店的"高颜值"是可感知的，但这只是其一，其二一定是读者在"高颜值"书店中享受的阅读与服务体验，以及书店服务中所提供的互联网无法替代的文化社交功能。始于颜值，但更要"衷"于书香，书店要将文化风度的内在气质彰显出来。

这就是说，用基于图书文化、阅读文化的具有美感的设计拉动大众对书店和图书的关注，让他们走进书店。与此同时，用高频参与度、极致的服务以及跨界互动为读者提供最佳阅读体验，将不同兴趣、圈层的读者以绝妙的平衡方式聚集在高颜值的空间中，在"书店只能这样"的熟悉场景中给读者提供"原来还可以这样"的惊喜，让读者渐渐爱上书店，离不开书店。"网红书店"是实体书店的市场竞争战略之一。

二、"网红书店"的品牌化战略

"网红书店"要实施品牌化战略。注意力经济未来的发展必须要走一条特殊的路子,不能过分依赖现有"粉丝"的追捧。因此,打造专有品牌、树立长远的品牌战略就显得尤为重要。实施品牌战略可以建立品牌在整个行业中的位次,通过产品服务以及赋予其情怀等让消费者认同产品,通过口碑营销带来更多忠实顾客。因此,我们要将书店的"网红"价值真正落实到书店的文化价值上,不断通过空间场景、文化场景、阅读场景、服务场景、社交场景体现书店核心价值,为读者提供不能在网络上获得的心灵满足,让"网红书店"品牌长久地印在读者心中,满足读者情感需求,以减少"网红书店"对"流量"的依赖。本书后面的章节探讨的就是通过阅读、服务、活动来促进书店健康发展。如果将书店当成"产品"来做,做好"品控"就是"网红书店"品牌长久发展的基础。

三、如何解决"网红"生命力过于短暂的问题

不少"网红书店"只是片面追求空间设计的炫目与新奇,注定是"昙花一现"。这造成了一些读者和媒体对"网红书店"的误解,认为"网红书店"是短命的。如何让"网红书店"拥有旺盛的生命力?这需要我们积极探寻,不断实践。

在此,笔者根据自己的实战经验,给出4点建议:

1. 持续稳定的内容输出。

书店的定位、理念要坚定不移地贯彻到运营中。阅读文化推广以及相关活动要持久性、常态化、高频化并具有创新性。也就是说，除空间、服务满足读者的需求外，书店活动的内容输出策划一是要高频率，二是要保持新鲜的创意，让读者每一次参加活动都有惊喜感，并时时有期待。笔者策划的一家"网红"书店曾创造了一年组织各类文化活动约 500 场的纪录，不少书店也能达到 200 场左右。无论哪一家书店，如果能每年达到这个频率，就是走在"网红"品牌化的路上。

2. 稳定的情绪表达。

实体书店的运营是有个性的，我们所说的书店"书香"气息，其实不仅仅是图书本身散发或是传递的，更多的是经营者的态度、气质、水平、价值观以及所培养出来的团队个性所散发的。书店气质无论是清新的还是温婉的，都是团队气质在运营中所带给读者的情绪感受。有时，我们也用"调性"来表达，要坚持"书香"的运营调性。这种书店内在的稳定的情绪表达，能让"网红书店"持久化并品牌化。

3. 产品内容和服务匹配"网红"特质。

综合型书店、复合型书店、主题书店、独立小书店有各自不同的定位，图书产品及业态有所区别，服务的功能不一样，但都要与书店定位相匹配。书店的专业度、配套设施、服务等要符号化、标准化，最关键的是，书店靠个性吸引来读者后，要通过所提供的空间、图书与服务来抓住他们的心。这是我们策划书店时就应定位好的，并在书店运营中保持。

4. 通过创新来满足读者不断变化的文化消费需求。

这一点相当重要。"网红书店"要以读者为中心。只有持续满足读者的文化消费需求,"网红书店"才能长久生存。不断创新和及时迭代是其手段。

笔者在做书店培训时,遇到一个大家十分关注的操作性很强的话题。有人问:"我们很认同你将书店当作'产品'来策划并使之成为'爆品'。一些书店开业后可以成为具有话题性的'网红书店',而我们的书店开业方式比较传统,很难得到大众的青睐。有什么技巧可以转变这种情况?"新书店如何引爆话题?笔者将对这个问题的回复作为本章附录提供给大家。

新书店成功开业策划的五大招

其实,我们过于强调开业当天活动的策划是否能成功和有影响力,没有重视开业前的准备工作及后期推广。"开业策划"是一个整体概念及系统工程,也就是说,一个成功的书店开业策划,应包含开业前的准备、开业当天的策划和宣传、后期的效果跟踪与推广。

第一招 新书店开业前一周的空间再创作,让书店完美呈现。

第一招是笔者几年来坚持的独家招式。书店空间装修施工完成,施工单位撤场，书店工作人员开始进行图书的布置、做开业准备之时，是书店真正呈现设计理念和效果的重要时刻。笔者作为新书店的策划与设计者，可以用"最后的疯狂"来形容自己在此阶段的工作状态。

其一，笔者会在开业前一周仔细检查现场装修效果与笔者的设计和想要达到的效果是否吻合。从笔者的经验来看，由于多种原因，对于装修单位最后所实现的效果，笔者的满意度最高只能达到70%。笔者会根据现场的效果进行再设计，力求在开业前短短的一周中，将满意度提高到90%，并在开业前的24小时内反复调整，直至达到最为满意的效果。

其二，根据书店定位、业务形态和图书分类完善美陈。笔者会在书店现场以一个读者的心态反复地仔细体验，以实现能带给读者最好体验的美陈效果。这里有3个技术细节：一是根据读者需求和体验美陈，二是根据书店定位与调性美陈，三是根据图书营销美陈。请注意，"美陈"技术不是我们现在很多书店的"图书造型""码堆"。

其三，最后阶段的场景再造。这同样是设计师最后的优化阶段。例如：黑龙江富锦新华书店的定位是"中国首家粮都主题文化场景书店"。笔者用富有创意的"粮仓式书架""米斗式图书平台"，用大米、玉米，来呈现"北国粮仓"的场景。在开业前一天，笔者仍然对现场不太满意，于是到富锦的一些粮食农机工具商店去寻找灵感。最后，笔者购买了10余只扬粮食的竹编簸箕回到书店，并将簸箕改造成陈列图书的装置，打造"粮都富锦、溢满书香"的场景，这成为亮点之一。

其四，灯光再造，让书店效果提升30%。在书店开业前一周，笔者会根据装修后的实际效果模拟阅读体验，最大限度地完善灯光场景。比如：阅读区域的"点射"灯光会让读者在灯光下有"旁若无人"的安静阅读感觉；重点书台上方布置追光，在书店入口处设置提升读者兴奋度的强化灯光等。可以说，笔者像变魔术一样用灯光提升书店设计的呈现效果。

一位优秀的书店设计师应该在书店开业前1分钟仍处于创作之中，这才是好设计师，只有这样做才能完美体现书店气质。

 **撰写体现书店核心价值的新闻稿，传播品牌形象。**

笔者所策划和设计的书店开业时都是笔者自己撰写新闻稿，为什么要这样做呢？因为书店的策划和设计均由笔者承担，所以笔者对书店的定位、理念、运营以及品牌构建等特点都了如指掌，同时笔者是比较优秀的新闻和广告写手，所写的新闻稿不是普通的书店开业事件报道，而是能让媒体和大众迅速了解书店核心价值的新闻，能较强地传播新书店的品牌价值。

 **开业前反复对员工进行培训，将书店理念浸入员工行动之中。**

员工培训是笔者做每一家书店开业前的重中之重。笔者会对所有员工将书店的定位、产品、业态、服务等讲透。如果员工自己都不知道自己服务的书店是什么样的书店，服务的读者的消费习惯及心理、

行为特点,就不能提供优质服务,书店就很难做好。至于营销技能,笔者会在书店开业后分阶段给员工做培训。

第四招 开业活动策划紧扣书店定位,强化书店品牌。

书店开业活动策划不仅仅是一场宣传的"秀",更应是传递书店价值的"场"。以开业前奏这个细节为例,笔者最早将弦乐四重奏引进书店作为开业的前奏,以体现所策划和设计的书店的文化气质。但是,在设计"北国粮仓"场景书店时,笔者就用笛等民间乐器演奏的乐曲来做开业前奏。笔者策划"汉中书城"开业活动时,设计了一整套汉文化系列活动,有表演、诵读、汉文化历史讲座、汉文化研讨等,使之与汉文化主题书店定位相吻合。这里有一个重点,就是开业活动的策划不能仅仅服务于开业当天,笔者一般策划1~3个月的门店营销活动,有量才会有效应,才能不断强化读者对新书店的品牌认知。

第五招 跟踪开业活动效果,再次传播新闻。

笔者会组织书店的相关宣传人员收集开业一个月内的各类新闻,并根据书店开业后的活动情况以及读者的反响,再次策划和撰写新闻稿,通过大众媒体和自媒体进行二次传播,起到强化品牌的作用。从2021年开始,笔者已经习惯用短视频的方式在微信视频号、抖音、小红书等平台上同时传播新开书店的活动内容。

第 7 讲

五大"沉浸式场景"连接书店与读者的强关系

书店行业对"场景"这个热词的认识有点片面,认为"场景"就是"空间设计",尤其是越来越多的设计公司用"沉浸式场景空间设计"概念提供设计方案,更让书店错误地将"场景"理解为"空间设计"。

什么是场景?场景是真实的以人为中心的体验细节。笔者在《书店革命》一书中专门用一个章节写了"用户思维、场景思维重新定义书店的价值",强调"实体书店的复苏其实是读者场景需求的回归"。读者在实体书店在意的往往并不是图书本身,而是他们所处的书店场景以及场景中自己浸润的情感。场景的本质是对时间的占有,拥有场景,就拥有了消费者的时间。作为书店这样的内容传播场景,如果仅是空间设计中所提供的空间场景,那只能算是直接的视觉体验,而非集文化、阅读、服务、社交于一身的综合场景体验。

为什么近几年来有一些升级改造后的书店新空间依然不为读者所热爱,销售转化率低?因为那只是新设计、新装修的空间,而非新"场景"。严格地说,空间设计所指的"场景"其实只占"书店场景"的1/5。

好书店的最佳"场景",必须是营造的五大"沉浸式场景",缺一不可。

空间场景:书店空间的视觉呈现。
文化场景:图书文化、区域文化、企业文化、知识内容的呈现与传播。
阅读场景:诱发读者阅读欲望与阅读行为的体验感。
服务场景:显性和隐性的服务,包括服务态度、水平、功能等。
社交场景:提供给读者的有温度的连接人与人、人与书的社交场景。

可见，书店场景的核心不是视觉上的"沉浸式"，而是"连接"一切的"所见即所感"的文化消费场景化。"连接"什么？连接图书、阅读、服务、社交、销售，连接书店与读者的强关系。当下，书店场景再造，需要持续挖掘书店运营空间与消费者的深度链接，以产生情感的共鸣。

一、书店空间场景构成的连接逻辑

书店空间是由人、书及空间三者之间的相互关系构成的。书店空间的构成有非常严谨的科学性以及空间运营与空间设计的逻辑性。认清书店空间的构成，能帮助我们提升书店的运营能力。从"人即场景"的逻辑角度，书店空间场景构成有以下4种"连接"：

1. 连接人与人的关系。

在如今这个网购时代，实体书店并不是唯一购买图书的渠道，但人的社群属性决定了读者渴望能有一个与爱书者交流的场所。在这个空间，不仅要有读者与读者的交流，而且要有读者与书店员工的交流、读者与作者面对面的交流。这种人与人的关系，会让书店空间形成独特的文化气场及真正的书香气息。这是互联网不能带来的阅读体验。那么，从这个角度，我们要思考怎样去营造这样的空间。

2. 连接人与书的关系。

实体书店提供了图书的阅读空间，传播相关的文化信息，包括图书的推荐与选择、陈列的美感、丰富的相关知识与资讯以及围绕图书的文化活动。这样的关系是书店空间构成的重要因素，这种构成的比例及体验感是评价实体书店优劣的标准之一。那么，基于这种构成关系，怎样设计空间、怎样布局、怎样陈列、怎样推广以及怎样营销等一系列问题就出现在我们面前。无论是空间设计还是管理运营，就都有了根脉。

3. 连接人与空间的关系。

连接人与空间，即书店空间满足了读者的活动需求，包括图书的获得、精神感受与信息的交流。仅这3点，就足以让我们去认真思考和策划。这样，作为文化空间的书店便开始有了灵魂。所以说，优秀的书店空间不是新颖的装修及崭新的货架排列，而是满足这些关系构成的文化体验空间。

4. 连接人与服务的关系。

好书店的基础是阅读服务，优秀的书店空间一定是与服务紧密联系的。比如：围绕服务而设计的动线，能提供舒适的选书及阅读空间的布局，针对特殊读者群体的服务设施，读者交流的空间等。好书店应根据书店的定位，通过空间将人与服务联系在一起。如果说"人即场景"，那么"空间即服务"。我们要让空间定义服务，以此来连接人与空间的关系。

二、书店场景化策划的5个关键

实体书店是连接人与人、人与书、人与书店的文化空间。不管是数字阅读，还是图书网购，人都无法体验到现场阅读纸质图书的那份温暖，无法享受实体书店提供的丰富感知。实体书店的复苏其实是读者场景需求的回归。读者们在实体书店在意的往往并不是图书本身，而是他们所处的书店场景以及场景中自己浸润的情感。"沉浸式场景"应是书店提供给读者的全身心的极致体验，让所有的读书人倍感幸福。它由空间、文化、阅读、服务、社交等构成。

在此，笔者根据自己策划书店的经验，和大家分享书店场景化策划与设计的5个关键：

1. 营造与定位相符的整体场景。

在书店定位和调性的基础上设计出整体的场景，是需要精心策划的。笔者设计的第一家书店是果戈里书店，策划的定位是"中国最美欧式书店"及"果戈里书店——为精神贵族而生"。所以，书店整体的场景让人有一种身处欧洲古典书店和图书馆的感受，同时空间内容、服务与营销场景都围绕书店定位而塑造。笔者策划延安"中国红色书店"时，既围绕着"红色文化""延安精神""红色主题书店"的定位去策划整体场景，又将7个历史场景与红色文化阅读功能巧妙地结合起来。

2. 融入区域文化、历史与民俗文化、阅读文化，打造归属感场景。

这是贯穿笔者所策划的所有书店的场景化设计宗旨，也是最为成功之处。在书店空间设计中，如果能将区域文化、历史文化、民俗文化融合进书店场景中，就会给当地读者带来强烈的归属感，让他们深感：这就是属于我们的书店，这就是我们要的阅读场所。阅读文化场景的打造一定要以读者为中心，其中有3个关键点：一是阅读是私人的事，当读者在书店中挑选和阅读图书时，要让读者瞬间产生如在家中书房的感觉，能静心阅读；二是给读者提供方便阅读的功能设施及交流场所；三是阅读文化场景有的是直观的，有的则是隐性地让读者自我感受的。

3. 注重服务体验的场景感受。

服务场景下的体验包括图书产品体验、服务体验与书店环境体验。服务体验指读者与书店互动过程中的体验，如书店员工的服务态度、服务效率和图书专业知识服务能力等，这种体验会影响读者对书店整体的场景感受。这需要我们进行整体策划。

4. 设计"社群 + 空间"式的场景。

笔者主张书店"用品种换空间"的理念，多留出读者阅读与内容文化传播活动的空间。这就要求书店经营者不仅要创造场景，而且要激活场景，构建读者互相交流分享的连接平台，让书店成为一个聚集人气的场所。一是多在空间中提供桌椅等设施；二是设计提供图书艺文展演的舞台；三是用景观小品来营造舒适的氛围。笔者是国内较早在书店中设计专业的艺文展演舞台和读者观展与交流空间的书店策划人，最极致的是每层都设有专业的舞台与观展空间，既有开放空间，也有专业的封闭阅读交流空间。

5. 实现业态组合场景的高度融合。

这一点非常重要，书店的业态越来越丰富，我们常用"书店 +"来表达。这就对场景策划提出非常高的要求。这不是在普通图书平台上陈列一些文创用品，而是在提炼各个业态的文化要素的基础上，将这些文化要素高度融合成一个新型文化场景。在这方面，诚品书店、茑屋书店提供了成功的案例。

三、提升书店场景化阅读体验感的 4 个技巧

实体书店场景的核心是提供丰富阅读体验，这是实体书店能够真正满足读者文化消费需求的价值。阅读体验给人带来的心灵宁静和愉悦，是阅读者最为向往的心灵感受。阅读体验越让人们感受到深入内心的宁静和愉悦，人们对阅读的兴趣就越浓厚。人们在一家实体书店感受到与众不同的阅读体验时，久而久之，就会对这家实体书店产生一种"阅读依赖"，慢慢爱上这家书店，成为书店的忠实顾客。在此，笔者分享提升书店阅读体验感的 4 个技巧：

1. 书店空间整体调性提升阅读体验感。

我们经常将新书店宣传为"城市大书房""阅读空间"。反思一下，我们的书店是真正的大书房吗？有一些书店为了追求视觉感而设计的冷淡调性，让读者深感不适。笔者在设计书店时强调"温暖"二字，空间气质的体现、空间布局和动线的体贴、服务的细致、背景音乐的选择、光源的设计都要体现"温暖"，这便是书店阅读体验感的基础调性。

2. 书店灯光照明设计提升阅读体验感。

最近笔者看到一家大型书店，设计十分新颖，但灯光设置十分失败，整体空间是暗的，很多书架是暗的。还有的书店的灯是那种传统大卖场的普通日光灯，也无法带来好的阅读体验感。还有的书店书架上每一层的灯带直接照射在读者的眼上，而不是照射在书上，真是奇怪。笔者的做法有两个：一是用暖色调光源，增加阅读气息；二是在整体

照明的基础上，在重点位置定向照明，这个定向位置不仅包括陈列图书的位置，而且包括读者阅读的位置，让读者享受在家里阅读的感受。柔和、舒适的灯光能够起到提升阅读体验的作用。

3. 书店背景音乐设计提升阅读体验感。

书店背景音乐主要效用有二：一为掩盖环境噪声；二为创造与阅读环境相匹配的气氛，以提升阅读体验。背景音乐对顾客的心理和购买行为有很大影响，如何通过改善背景音乐来促进顾客消费，是商场获得竞争优势的关键之一。比如，一些咖啡馆内播放的是适合"工作"的背景音乐。所以，书店背景音乐的选择是大有学问的，安静、轻松、愉悦都是要素。

4. 书店的气味设计提升阅读体验感。

这个学问比背景音乐还要大，这是一个"气味营销"的专业话题。回想一下咖啡馆令人难忘的气味是什么？是咖啡豆研磨时散发的香气和奶香气。笔者曾专门研究过书店的气味营销，读者只要走进书店，就感觉到有一种独特的与其他实体店不一样的书香味道。这不仅是图书本身散发出的，而且是专心研调的。

第 8 讲

全程控制,让书店空间设计与实施效果最大化

对新书店或是升级改造的书店而言，书店与设计公司之间的协作以及书店对空间装修过程的控制是大多数书店的痛点。

这几年，笔者走访了几十家书店，发现了一些普遍的问题：一是书店方对设计方提出的业务需求过于概念化，没有从空间的角度将业务需求具象化和专业化，同时过于依赖设计方，希望设计方能设计出"网红"视觉效果。二是设计方没有围绕书店方对书店的定位和经营需求去提供设计服务，结果是设计同质化。三是书店方与设计师的磨合困难。

想做好书店空间设计，书店工作人员要了解设计，要学会将业务需求用设计语言表达出来。同样，设计师不单单要擅长设计，还要了解图书文化与书店经营，懂得文化内容传播及读者的文化消费心理。

这便是笔者要提出的一个重要的观点：商业设计化，设计商业化。以用户思维造空间，用营销思维做设计。通俗地说，就是我们书店提设计要求时，要将定位、风格、运营、服务需求从设计的角度准确地提出来，而设计师要紧紧围绕前面几点从运营的角度来设计。

下面笔者根据自己的经验，从书店方的角度，提供如何精确并高效地与设计师或设计公司沟通的三大招：

第一招 书店方组织专业人员构成"业务需求空间呈现"策划团队，做足功课。

团队由书店高层专人负责，由销售骨干、营销骨干、懂设计的人员组成。这其中，懂设计的书店人员是关键，其必须精通书店业务并通晓设计知识，如果没有也可以外聘。对书店整体定位、目标市场定位、经营品类定位、数量面积分布、楼层分布、销售流程和人流动线、管理流程与空间布局等，书店方要不断调研，从而拿出成熟的设计需求方案。这就是笔者所说的商业设计化的需求。上面这些要素都是成功设计书店的要素。把自己的方案研究成熟后，书店方再与设计师沟通。

第二招 将商业设计化的需求大声地说出来。

这要求我们将需求具象化地、准确地表达给设计公司，将第一招中提出的要素——细化并具象，并向设计公司直截了当地提出来，甚至勾画出基本要素，然后根据设计师的设计不断调整、完善。这样，书店就掌握了话语权。

第三招 由书店组织的"业务需求空间呈现"策划团队负责跟踪设计和装修工程全程。

这个同样是笔者认为的重中之重，原因如下：第一，很多设计公司提供设计定稿后，后面施工就不管了，交由施工单位根据设计图施工。书店最后发现很多地方并不符合自己的需求，但已经无法改变。第二，大多数书店的施工是由书店行政人员或是后勤部门跟进，但在施工中后期，更需要业务人员参与对设计的深化和调整，因为我们所看到的设计效果图与最后实现的效果是有很大差距的。很多书店人被精美的效果图"骗"了。笔者策划并设计的 20 多家书店之所以都是比较成功的，是因为笔者全程策划、设计、跟踪了。到了最后的准备开业阶段，笔者仍会根据业务需求来做空间调整,这是个动态的过程。

在此,笔者将自己提炼的"评价书店空间设计的7个关键点"以附录的方式供大家参考。

评价书店空间设计的 7 个关键点

如何评价书店空间设计方案?怎么去提建议?可以从以下7个关键点入手:

1. 书店空间设计风格要和谐统一。

有一些书店可用"气场不和"来评价,因为一眼就能看出空间设计的左边是参考的某某书店,右边是学习的某某书店,顶棚是照搬国外某某书店。有两种可能:一是设计师抄袭其他书店设计的种种细节,二是书店经理要求设计师把其看到的好书店的细节用在自己的书店上。最后的结果就是风格不统一,气场不和。书店空间设计风格的统一性很重要。各楼层的布局、各类别产品区域设计、通道样式、业态组合,都应该做到和谐统一。当然,统一并不意味着单调,并不是相同元素的简单重复。色彩的层次感、商品的多样性,并不影响空间风格的和谐统一。我们首先要把握"和谐"二字,在满足功能需求的前提下,室内各种物体的形、色、光、质都应保持协调,成为一个统一的整体。

2. 布局设计要符合业务需求和读者习惯。

书店空间的布局设计要合理,一是要符合书店业务的管理要求,二是要符合读者的购买习惯,利于读者的阅读与购买活动。比如,各类图书的分布要清晰,方便读者;通道宽度要充足,既要满足读者淘书的乐趣,又要便于读者驻足选购并满足读者长时间阅读的需求,所以有的地方就要在通道边及书架旁设置不影响动线的座位。好的布局既要便于书店管理,又要让读者对整体空间一目了然,避免浪费读者的时间和精力。同时,书店空间布局有个均衡的问题,布局上活泼、生动、和谐、优美,这样的韵味为最佳。所以说,笔者反对那种死板的、不用心去布局的、对空间填充式设计的一排排书架。

3. 空间设计要在视觉上有舒适的层次感。

现代书店已经从传统卖场向文化空间转变,所以空间设计要具有文化内涵的层次感,使整体效果具有深度、广度,显得更加丰富,增强视觉效果。设计如果缺少层次,就会让人感到平庸。色彩、明度、纹理、造型、构图设计都要有丰富层次的体现。这种层次的原则是舒适感与现代感的统一。

4. 书店空间设计要讲究仪式感、温度感。

仪式感首先是基于尊重感上的。对于读者而言,阅读是人生美好生活的状态,所以在设计时要让读者感受到阅读的高贵与舒适。举个简单的例子:有一家书店的经理坚决反对笔者设计超过4层的书架,她的理由是她监督不了读者,她要求书架都不能比她高。笔者从读者的角度分析,读者是不能忍受四周随时都有一双双眼睛盯着自己的。同时,从空间设计的角度而言,温度感主要体现在布局、材质、软装、灯光等方面。笔者个人不喜欢在书店大量运用铁艺。有一家书店大量使用铁方管加少量木板做书架，同时楼梯和扶手都是由铁制成，并且扶手锈迹斑斑。笔者进去后感觉很冷，认为这里很不适合阅读。在灯光上，笔者比较喜欢用暖性光源，因为它营造的氛围特别温馨。所以，书店空间要迎合现代读者的消费心理，他们需要一个又"美"又"好"又"悦"的阅读体验场所。

5. 书店空间设计有场景感与参与感。

这一点也是评价书店空间设计是否优秀的关键。场景感不是无中生有的造景，而是从读者心理的角度营造阅读的场景空间，让他们真正感觉书店有家的感觉，这就是笔者常提到的归属感。参与感用空间设计来表现，一是体现书店空间提供读者参与感的功能性，二是用设计来激发读者的参与意识。

6. 体现本土化的区域文化特色最优。

在书店空间设计中，我们要融合时代精神、历史文脉，传承发扬民族化、本土化的文化，用新观念、新意识、新材料、新工艺表现独特的空间效果。而且，融入本土特色元素的设计容易引起共鸣，让空间效果更具吸引力。这样的设计应是好作品。笔者自己策划并设计的书店在这方面下的功夫很多。

7. 书店设计中的材料选择要合适。

虽然材料在施工阶段才正式上场，但在设计阶段就应做好计划。一个优秀的空间设计方案，是应该包括材料选择的。这一点是我们书店的决策者常常忽略的。为什么要重视材料选择呢？因为选择材料时，安全应该是第一位的，而安全工作重在两个方面，一是防火，二是环保。选择环保无污染的防火材料是基本的要求，其次才考虑价格。

第9讲

提升销售力的书店场景营造10个细节

从营销的角度去看场景化，书店的一切场景营造归根结底是为了在提供阅读服务的同时提升销售力。以下是笔者对书店里里外外 10 个场景细节进行营造，从而有效促进销售的经验与案例。

一、书店门头设计，让读者第一眼就爱上这家店

一个设计新颖、简明、美观大方的门头，不仅能第一时间抓住消费者的眼球，增加进店率，而且具备一定的传播度、辨识度，意义重大。醒目并富有创意的书店门头设计能呈现书店品牌的性质与特征，让读者一眼就记住并且形成对书店的良好印象，起到积极的引流作用，提升书店的竞争力。

笔者设计的延安中国红色书店门头，整体是红色的基调。笔者大胆地将党旗雕塑放在门头上面，使之与在门前广场上设计的 5 个五角星雕塑相呼应，并在整体门面墙面高窗户上装置五角星，而门头入口处的左边两侧墙面借陕北剪纸艺术表现延安宝塔山的场景等。这一设计充分体现了中国红色书店的红色元素和陕北民间文化元素。应该说，这个设计相当成功。笔者设计的合肥徽州书局则是将徽州建筑元素与中国古典读书素材相结合，辨识度较高，让人过目不忘。汉中书城是笔者设计的首家汉文化主题书店，汉代独特的线条装修与有石质"汉书"之称的石阙式大门相结合，与门口张骞出使西域的大型雕塑相呼应。天津外文书店是笔者向莎士比亚书店致敬的设计作品，绿色为底的欧式书店风格门头有着强烈的视觉效果，与外文主题书店的内涵吻合。

书店门头设计有以下作用：其一，门头设计是材料技术和艺术美

学相结合的典范；其二，门头设计的强烈个性与识别度有助于提升书店的品牌形象；其三，能够起吸引消费者的引流作用；其四，提升书店竞争力。

书店门头设计有 6 个原则：

1. 书店门头设计要与书店风格和个性相符。
门头设计必须符合书店设计的定位、风格及调性。这样，书店门头就能准确地体现书店的风格调性以及特色，宣传书店所经营的内容和主题，反映书店的特性和内涵。

2. 书店门头设计要体现流行性。
门头设计要随着不同时期人们的审美观念有所变动，相应改变材料、造型形式以及色彩搭配，以跟上时代特征。现在的商业门店的门头设计无论在造型创意、材料使用、色彩以及户外灯光设置上已经十分时尚并有国际范儿。2019 年重装的湖北外文书店的外立面用穿孔铝板浮雕创造出层层叠叠的青山即视感，有很强烈的现代风格，让读者过目不忘。

3. 书店门头设计要体现图书的宣传性。
门头设计要能起到广而告之的作用，其目的是宣传书店经营特色，让人一目了然。设计时可利用橱窗、门头、灯箱、招牌、霓虹灯等装饰构成元素进行图案、文字和造型的设计，以全面宣传书店及品牌。最近，有国内书店在门头上设置几十米高的书架造型，就比较有创意并能体现书店的图书经营性质。这种创意手法国外书店也有。从房顶

到地面，一本本包有礼品彩带的图书造型特别吸引路人的眼球。

4. 书店门头设计要风格鲜明，具有独特性。

门头设计要努力做到与众不同、标新立异，使读者一看到书店门面就产生心灵上的震撼感和情感的共鸣。需要注意的是，这种与众不同要围绕着书香气质去表现。

5. 门头设计要与环境有呼应性。

门头设计要注意与周围所处环境之间的呼应性，要因地制宜。笔者在设计书店门头时，会用比较长的时间在书店所处街道进行观察与研究，力求找到当地商业的气质、大众的审美习惯，同时比较其他商店门头的风格。这样，笔者的设计就既能有独特性和创意性，又能与

这个商业区的整体风格相协调。

6. 店门头设计也要考虑经济性。

门头设计要符合经济节省的原则,只要材料选择得当,符合自身特点,最终设计的门面就能做到布局精心、美观,所以不必一味追求豪华、奢侈。

二、设计一个创意橱窗,让书店的"眼"亮起来

很多同行知道笔者有强烈的橱窗情结,笔者设计的20多家书店,有1/3的书店设计了大小不同的橱窗。它们有效地提升了书店的品牌形象,成为当地一道独特的文化风景线。笔者认为,橱窗是书店最美的

场景。在新华书店系统中，20世纪80年代初是橱窗设计的高峰时期，每一家书店都有橱窗，系统内还经常举办橱窗设计比赛，有出版社还出版了关于书店橱窗设计的专业图书。在那个时期，设计优秀的书店橱窗对书店和图书宣传的作用很大。20世纪80年代后期以来，书店橱窗似乎消失了。从2014年开始，笔者坚持每设计一家书店都尽量设计出一个橱窗来。

有这样一种说法：看一个城市的流行水平，就应该去逛逛城市里的百货商场，而要评价一家品牌店的档次与定位，就应该看看它的橱窗。那年，笔者在美国纽约曾用相机拍遍第五大道所有商店的橱窗，至今不忘。这些大小橱窗，通过奇思妙想的布局与最新流行元素混搭，已经不仅仅是对产品的展示，更多的是代表了品牌理念及对时尚的引领与解读，最大限度地诠释了品牌理念和内涵文化的积淀，激发起潜在顾客的共鸣和购买欲望。在欧洲，很多小型书店的橱窗已经成为一道独特的风景线，笔者每到一家书店都喜欢在橱窗前欣赏许久。2014年，笔者在俄罗斯莫斯科新阿尔巴特街上的"书屋书店"看到其橱窗精致无比，超强的场景设计让笔者十分吃惊，橱窗内一些造型是可以活动的。橱窗吸引了许多人驻足观看。

有人形象地说，商店的大门就好比人的一张口，而橱窗就好比人的眼睛。如果把商店比作一本书，那么橱窗就是这本书的封面。想要顾客打开这本书，就是要千方百计地吸引他们的目光。确实，橱窗作为全店中最大的吸睛点，是店铺重要的名片，决定了顾客对品牌和店铺形象的好感度。店铺的进店率，一定程度上取决于橱窗对顾客的引导。从营销的角度，橱窗作为视觉营销的重要一环，应以更好、更直观、更艺术化的方式被消费者接受。好橱窗能吸引更多的顾客进店,甚至是成交。

书店橱窗的重要性有 3 条:

1. 传播品牌文化,提升品牌形象。

书店橱窗的展示设计可以成为书店企业最直观的传播途径之一,有利于品牌形象的塑造、品牌文化的传播,从而增强企业竞争力,提升文化企业地位。

2. 吸引读者关注,促进图书销售。

提升读者的关注度和进店率是橱窗起到的重要作用之一。对于新出版的图书,利用橱窗把图书的信息生动直观地展示给读者,将卖点通过艺术巧妙地表达出来,可以提高读者的进店率和成交率。

3. 促进全民阅读,传达书香气息。

优秀的书店橱窗一定是充满书香气质的艺术展示,能表达出阅读的意境,引起大众的共鸣,促使读者走进书店来体验阅读文化。

那么,究竟怎样策划和设计一个优秀的橱窗呢?笔者认为应坚持以下 5 个原则:

1. 橱窗设计要考虑读者的行走视线。

橱窗横向中心线最好能与读者的视平线持平,这样整个橱窗内所陈列的图书产品都在读者视野中。同时,还要考虑橱窗由远至近的视觉效果以及穿过橱窗前的移步即景的效果，在橱窗的创意上要做到与众不同。

2. 橱窗设计要和书店内部形成整体调性。

橱窗是书店的一个组成部分，所以在布局和设计风格上要和卖场的整体风格吻合。笔者设计的青岛栈桥书店的橱窗就与书店内的海洋调性和背包客的内涵相一致，甚至直接用海滩的沙子做底，让人有一种图书是陈列在沙滩上的感觉。

3. 橱窗设计要和书店营销活动相呼应。

要记住橱窗同样是书店的营销工具，传递着书店的销售信息，应随时更新并配合书店的营销活动。

4. 橱窗设计要主题分明。

20世纪80年代我们做书店橱窗时，就是随时根据图书宣传主题来更新图书宣传陈列内容的，如"五一"、国庆这样的主题。所以说，笔者建议书店橱窗要有主题，尤其在重要图书发布和重大节目播出时要更新主题。对不同类型的图书，书店也要分类陈列，如果有条件，可以按类别来设计橱窗，如儿童图书橱窗、社科图书橱窗等。

5. 橱窗设计要以创意吸引读者。

书店行业是创意行业，书店的橱窗创意应比其他商店更有创意才行，充满书香并颇具创意的书店橱窗能让读者感到兴奋和惊讶。同时，创意橱窗还能够让书店品牌在读者之间口口相传。

三、书店布局的 4 个原则及 6 个实用经验

传统书店的布局是比较简单的，一般以图书分类来分布。同时，由于图书品种的不同，布局有简单有复杂。但是，大家有一个共同的基本原则，就是根据图书分类的经营特色来设计布局。随着书店卖场向文化消费空间转变，书店店面布局就要随着经营方式的变化以及消费者购买行为来设计，其技术性要求更高。

设计店面布局，总体要求一是坚持方便顾客、便于操作的原则；二是研究消费心理，注意客流方向；三是适合店面整体调性，协调布局；四是便于现代化管理及新技术运用。这 4 个基本要求，其实就是书店在设计过程中应坚持的基本原则。

书店店面布局的 6 条重要经验：

1. 书店入口引流功能布局是重中之重。

过去，传统书店尤其是国营书店十分看重书店一层及大门入口的经济价值，在升级改造前，经常是把一层出租给其他经营者以赚取更多利润，在一层入口的地方，常常将入口两边出租作为电子产品柜台。但是，如此这般杂乱无章，读者一进门就感觉没有书店的气息，失去了逛书店的兴趣。笔者曾遇到一家书店将第一层全部租给药店，书店则在第二层。笔者和他们开玩笑说，这让人感觉非常不适，感觉来书店都是有病的。虽然说的是笑话，但书店确实没有考虑到场景感和读者的心理。最后，在笔者的坚持下，书店让药店退租了 60 平方米的地方，笔者将其封闭后成为书店独立入口的门面，又将门厅设计成有着强烈

视觉感和阅读感的场景，陈列精品书和畅销书，以此将读者引流到书店的第二、三层。

2. 刚需图书布局在顶层或是最后的区域。

从图书的性质和分类来考虑，教辅类图书和儿童类图书属于常规刚需图书，尤其是教辅类图书，读者对其有十分明确的消费目的，如果是多层书店则布局在顶层，如果是只有一层的书店则应布局在书店最里面的位置。这样学生或是家长去顶层或最里面购买图书后，可能会逛其他的图书书架，实现二次消费。这样也延长了他们在书店的时间。儿童类图书一般布局在顶层或里层，一是便于保持它的独立性场景，二是与社科类图书有一个分隔，体现社科类图书区域的安静气质。

3. 重点图书重复曝光的促销性布局。

这个概念是个新概念，是围绕营销来布局的原则，打破了传统书店严格根据分类布局的原则，其主要目的就是让想销售的图书曝光、曝光、再曝光，创造畅销机会。对具体布局，笔者举个例子：笔者在几个常规分类区域，如社科文艺、儿童教育、文创产品布局了很小的重点图书区域。比如说北京冬奥会期间，将《体育运动大书》一书分别陈列在各楼层各类别图书的"重点图书"区域或是书台上，强化读者的印象。这就大幅度地提高了这本书的曝光率，提升了销量。很多最初没打算买这类图书的读者由此对这本书产生兴趣而购买。

4. 从读者消费心理及图书分类特性设计布局的引流性。

这一点应是整体布局的重要原则，需要我们深度研究读者的消费心理。比如说社科类图书，读者对这些图书的消费都是比较理性的，一般社科类图书最好是从书店入口开始布局，并布置最好的阅读场景，让读者一进门心就静下来，自由阅读并挑选图书。这个区域书架、书台之间的通道要设计得宽阔一些，以两至三人通过为标准，增加读者停留时间，并便于引流到其他区域。儿童类图书布局则要更开放，便于亲子阅读活动及儿童随地而坐，或是抓住孩子爱玩爱动的特点来布局。教辅类图书布局则可密一些，一是增加陈列品种，二是增加顾客寻找自己所需图书的紧迫感，以此促进销售。

5. 混合业态布局利于促进销售。

无论是大型书店还是小型书店，图书以外的业态都应根据图书分类来布局，这同样是根据消费者心理布局的原则。现在很多新型书店的布局基本遵循这一原则。在设计前，书店经营者要深度研究各种非图书业态的性质和营销方式，如小型家庭装饰商品可以与生活类图书区相结合来布局，女性生活类图书则要结合一些女性生活用品来布局。

6. 活动区域的布局与营销相结合。

笔者比较主张现代书店设计中留出一定空间做内容推广活动区域。笔者设计的书店都有专业舞台布局，有时会根据图书分类进行多楼层设计，如社科类图书有一个专门的活动区域，儿童类图书有一个专门的活动区域。这样，社科类图书舞台上的活动是促进社科类图书销售的，读者参与了活动就可能会选购所推荐的图书，儿童图书区亦然。

四、小小的书店动线，大大的营销功能

书店的读者动线设计是书店设计的关键因素之一。在商业空间设

计中，我们所谓的"顾客动线"或"客流动线"是指顾客的流动路线。由于顾客的流动方向是被有计划地引导的，因此我们也把客动线称为"客导线"。我们有两句话，一句是"欲知怎样卖，先知顾客怎样走"，一句是"让顾客顺着你的思路购买商品"。也就是说，我们在商场中走的每一步几乎都是商家设计的。优秀的顾客动线设计是设计者深度研究了顾客消费心理与消费行为习惯以及各商品的特性和营销要素后做出的。举个例子，大型商场的双向自动滚梯，很少有设计成让顾客从左侧滚梯上楼就能立即从右侧下楼的，基本都是让顾客绕半圈去另一头的滚梯下楼。这就是商家精心设计的动线，因为在顾客绕半圈的这个地带设有很多吸引人的柜台，顾客有可能会被这些柜台里的商品吸引，并实现消费。还有，你有时会发现商场内除主通道是直行外，很多地方的通道是蛇形，因为中间有一些方形的小展台，这样的动线增加了你留在空间里的时间，同时商场用最好的美陈吸引你对商品的注意。所以说，动线设计不仅仅是空间设计，还是十分专业的营销设计。它引导着顾客尽可能地一步一步地把整个商场全部逛到，使商场的可达性、可见性尽可能地达到100%，即全场无死角。有人说，顾客动线是店铺的灵魂。科学良好的动线设计能够引导和方便顾客购物，延长顾客的逗留时间，快速提高商品销量。几乎所有生意好的商场的动线都是经过精心设计的。

笔者再举个例子，大家可以想一下，自己进一个商场习惯怎样的路线走法？正常情况下，消费者走进卖场后，都习惯往右边走。人们并不是向右急转弯，而是很随意很平稳地就转过去。所以，我们就应该在入口处的右前方陈列那些最能吸引读者的、最想推荐给读者的图书，在那儿设计重点书展台，确保入口处右边的动线顺畅。

一般而言，动线设计有 3 个作用：第一，让每一寸运营空间发挥其最大价值。也就是说，让书店空间内各区域、分类、业态都发挥价值，做到全程无死角。第二，营造良好的购书环境，增强读者体验，减少读者的疲惫感，提升阅读感与愉悦感。第三，充分进行图书展示及商品展示，增加图书和其他业态品牌的曝光度。

笔者根据自己的经验，分享几个动线设计的技巧：

一是抓住右行习惯设计。大多数人的行为习惯是用右手、靠右边行走。如果没有特别指引，顾客进入店面后通常喜欢往右边走，流动方向多半是逆时针的。那么，我们就要顺应这个习惯去设计动线，抓住右边的第一组书架或平台上的图书容易给读者留下深刻的第一印象的条件。另外应减少拐角，不能有障碍物，除出入口外，店内一般是一个流动的闭环。

二是坚持圆角设计动线，尽量不设计锐角动线。圆角意味着更加平缓，不经意地引导读者的行进路线，读者会感觉很舒服，自然跟着动线的引导走。锐角动线很死板，会令人疲劳。

三是用曲线的设计来移步换景。曲线的设计能起到移步换景的作用。同时，弯曲的动线是灵活的，能适应各种平面，使空间更流畅。

四是以曲直结合的方式避免单调，减轻读者的疲惫感。对于大中型书店而言，曲直结合的动线设计很重要，要精心设计。

五是长短宽窄相宜。路线是否顺畅，路线的长短宽度是否适宜，会直接影响读者的购买欲望。

五、书店空间灯光设计的 4 个营销性目的与 5 个设计细节

书店的灯光布局和设置是书店设计的重要环节，同样是书店设计成功的关键。

从基本要求来说，书店灯光设计的目的是为了清晰地传播图书信息，展现图书的魅力，方便顾客选书、购书，从而达到促进销售的目的。

1. 优秀的灯光效果有利于书店品牌价值的展示。

书店空间良好的灯光设计所产生的照明效果能使书店的调性、品味、价值感得到充分展现，同时读者的心理感受会直接影响书店品牌的传播。昏暗或刺眼的灯光设计只会令人生厌。

2. 良好的灯光效果有利于图书信息的传递。

良好的灯光能让读者在书店内很快寻找到其所需要的图书，而在重点区域或是平台营造良好的灯光效果，会把我们推荐的图书第一时间传递到读者的视线中，吸引读者阅读和选购。

3. 舒适的灯光设计会提升阅读体验感，让人静下来。

书店空间内舒适的灯光可以提升读者的阅读体验，使读者犹如在自己家书房那样静心阅读，这样可以增加读者在书店的时间及其消费

机会。

4. 正确的灯光设计是读者购买决策的催化剂。

视觉图像信息是最快形成并影响人们决策的信息。书店灯光设计能引导读者清晰地阅读图书封面传递的相关信息以及书店营销广告信息。笔者曾在书店的生活类图书区用十分温馨的灯光及重点图书暖光点射来设计组织式灯光，营造那种高品质生活的调性，这样促销的效果很好。

书店灯光设计要注意以下细节：

1. 书店入口照明设计是成功的第一步。

书店入口位置是读者对书店的第一印象，笔者一般采用暖色调灯光，营造一种自然而然的舒适平衡感，使之实现自然光到店内光线的自然过渡。尤其是在寒冷的冬天，它会给读者温暖感，从而吸引读者走进书店。

2. 临街窗户及橱窗灯光设计十分重要。

书店橱窗灯光对视觉强化和气氛烘托很有效果。灯光层次要分明，具有表现力，一是要避免平均，二是橱窗内的亮度必须比店内高出 2～4 倍。临街窗户尤其是落地玻璃窗户是一道独特的阅读风景线，窗户内的顶棚要有暖色光源，笔者喜欢加一组吊灯来增加阅读感。

3. 书架的照明设计要有序。

书架支撑书店空间的整体构架，所以书架上的照明设计要充足，以达到展示和挑选的完美平衡。但是，书架层板的灯光设计要"均和"，不能刺激读者的眼睛。

4. 平台照明设计要有重有轻。

平台照明设计要注意光线充足。对于重要的图书，可以设计射灯直射封面上，一是突出图书，二是体现平台灯光的层次感，以吸引读者。

5. 书店收银台照明设计要温暖而令人愉悦。

收银台照明要营造购书的幸福感，体现购书的快乐。足够亮的暖色光源，加上服务员光彩照人、脸色红润的形象，能让读者感觉兴奋与愉悦。

六、千万不要让书店的书架沦为货架

这几年新开的书店，除一些书店的传统书架外，很多颇有创意的异型书架让读者大开眼界。中国台湾诚品书店、日本茑屋书店的书架设计纷纷为大家所借鉴。日本建筑大师安藤忠雄的书店设计引发大家的学习热潮，他所设计的超高书架及书架中间的方形镂空样式很快便被很多书店模仿。

总的来说，书架的设计是体现书店定位和调性的重要组成部分，也是营造书店场景感、参与感、阅读感的重要工具。书架美是实用性与审美性的统一。书架既要满足书店的图书陈列需求，又要满足读者的精神需求。要针对消费者的行为习惯、心理、思维来进行创新，书架人性化、阅读化、个性化的设计理念是打造新型文化消费空间的宗旨。

所以说，我们千万不要让书店的书架沦为货架！

笔者有3点成功经验：

1. 书架的创意要与空间整体调性统一。

书架设计是空间设计中呈现调性的重要组成。正如我们自己家的装修一样，我们要根据书店中式、欧式、英式、美式、地中海式、田园式或现代简约式等风格选择家具，家具一定是要和你所选择的装修风格相符合的，不然就会不伦不类。笔者设计青岛栈桥书店时，考虑到所定位的青岛地域海洋风格，将书架整体设计为白色，进门处创造性地设计了船头式书架，靠墙的几十米设计为波浪形书架，5层双面书架也设计为波浪形，儿童书架则设计成10米长的海浪漩涡式书架。这种创意书架与书店的调性和主题十分相符，有其独特性和辨识度。在此，笔者有一个经验：书架设计是设计师整体空间设计的重要组成部分，尤其是创意书架不能交由书架商来设计。笔者想强调的是，书架设计并不是简单的书架组合。过去常规的书店书架和平台，除材质和色彩外，规格基本是固定的，这已经不适应新型文化空间的要求。要请设计师来设计创意书架，并由专业的书架厂商根据设计来定制。

2. 书架的造型要与图书类别相配套。

现在大多数书店的儿童区书架最早是向"蒲蒲兰绘本馆"学习，后来向"钟书阁"学习，充分体现了童趣。那么，其他区域和类型的图书能不能从读者的心理出发去思考，从而更有创意呢？以艺术类图书的书架为例，笔者主张大型书城的艺术类图书书架和书台要有独特的创意，要能体现艺术气质，这个创意不是主张怪异或是抽象派的书架，

第二章 空间、文化、阅读、服务、社交"场景"再造价值

而是能体现大艺术概念的具有灵性的书架，目的是让每本图书的陈列更具艺术气质并提升读者阅读与购买的欲望。

3. 书架的材质要与阅读气质相符合。

最近几年新装修的书店内书架的材质比较丰富，除传统的木质书架外，还有铝合金、不锈钢、玻璃、硬质塑料等做成的书架。然而，笔者发现有些书店的书架用材走向了极端，即一味追求视觉的现代感、材料的时尚感，失去了阅读的氛围感。笔者在设计书店时就曾写下这样的定位："打造最具温度的文化地标，为城市留住文人气质，为读书人点亮心中最温暖的那盏灯。"笔者设计的书架都是围绕"温暖"二字来选择材质的。

七、暖心的书店标识与创意，让读者一眼就爱上你

书店内的标识牌以及一些宣传牌上的文字要从读者角度去撰写，体现人性化和创意性。

书店内的标语从理论上讲属于导视系统。书店的导视一般来说有多种功能，比如导购、楼层索引、公共服务标识或提示警示等。书店内体现书店企业精神以及引导阅读的标语，其实也属于导视标识的范畴，需要富有创意的策划与设计，以便与书店的调性和品质相符合。在法国巴黎莎士比亚书店，有两段刻在墙上的文字给笔者印象最深："不要对陌生人冷漠，他们也许是乔装改扮的天使。""过路的陌生人，你不知道我是如何热切地望着你。"这两个句子令人心生暖意。这便是文字的力量，也是书店所传递的人文精神的力量。

国内有很多优秀的书店，不仅颜值高，而且文案十分美。比如方所重庆店的文案："山如江河蜿蜒，城如星斗不灭，我们怀抱知识，如火，铸就文化的城池，美迎风于天际。"西西弗书店那句著名的既有提示性功能又有创意的文案："背包太沉，存吧；站着太累，坐吧；买了太贵，抄吧；您有意见，提吧。"创意性文案让读者体会到书店的企业精神和人文情怀，也让读者很快爱上这个书店。晓书馆的文案也很有温度，其中有一句笔者记得很清楚："在这里，愿你择一书得片刻栖身，愿你找到自己深处的那个人，愿今日之我非昨日，愿你此刻虽身处静默却于灵魂中生出羽翼，去向每一个可能的世界。"

关于标识上功能性的文字，笔者的体会是"要好好说话"。一些常见的"禁止吸烟""不要大声喧哗"等提示用语，用图形表示比较好，用一些比较幽默的图或漫画也能让读者会心一笑。另外，如"不许私拆图书塑封""图书交款后才能进咖啡区、阅读区""未消费者不得入座"等语句，会让读者从心理上深感不适，对书店产生不好的印象。

书店导视系统的设计具有标志性，是在空间中提高识别率的重要手段。从标识内容的撰写来说，要注意以下4条：第一，语句尽量简短，文字尽量精简，内容清晰。从心理学的角度来说，普通人一次最多只能接受7个汉字信息单位。第二，要有文化创意。这一点很重要。能让读者感到暖心的句子为最佳选择。第三，内容要有唯一性。一些关键性的标识语言最好是原创，独一无二，使读者产生深刻的印象。第四，通俗易懂。书店的标识文字是为公众服务的，因此"通俗易懂""雅俗共赏"是基本要求。

八、书店美陈可不是"码堆"那么简单

"美陈"这个词,估计不少人还不太熟悉,即便对其有所了解的人也会认为美陈是美工的事,是在书店装修布置时对环境与商品的美化,似乎是一次性的。确实,很多书店将美陈当作一次性的事,书店的美陈几年都不变。

那么,什么是美陈呢?美陈是个专业的词,简单地说就是指美术陈列。商业美陈是指在商业空间进行高品位的美化装饰和陈列展示,即通过艺术手法或展现形式宣传自身品牌,扩大知名度,来加强消费者对品牌的认可。你可能会认为这就是我们在书店里做的码堆造型,其实没有那么简单。

书店美陈是一门根据市场需求定位而衍生出的综合性很强的学科,是集广告设计、室内设计、环境景观艺术设计、工业产品设计等于一体的综合设计。美陈要求设计人员具有较强的创意、策划、组织与协调能力,熟练掌握系统设计的方法和技能,把握时代及专业发展规律,在专业设计所涉及的空间、造型、声光、电等方面具备很强的创造力和综合表达能力,同时具备现代科学技术和心理学、人机工程学的相关学科知识。商业美陈具有很鲜明的行业特色。它是以环境和装饰艺术为主体,结合商业建筑、文化特点、商业运营、营销策划及审美需求的综合性项目,其主要目的是以目标顾客为中心,营造出良好的环境、氛围,给顾客以良好的消费体验。

现在,无论走到哪家商场或购物中心,你都会发现,它们的美陈

布置越来越突出，创意也越来越新颖。商家通过打造兼具观赏性、娱乐性、互动性的商业美陈，不断地给顾客带来视觉上的冲击，持续吸引顾客的注意力，满足消费者个性消费与体验式消费的需求，从而使自身的市场竞争力大幅度提高。有的购物中心将大自然的唯美场景搬进购物中心的中庭空间，进行花式"撩客"，还有的商家使用高新科技的美陈装置，将科技感、创意性以及参与感融合在一起，增强了顾客的购物体验，改变了传统美陈在购物中心的价值。

商业美陈范围包括哪些呢？最常见的是商场门头、商场中庭吊饰与大型景观摆饰、商场橱窗设计以及一些配合商场美陈需要的广告墙、广告橱窗、美陈摆件等。主要品牌及商品的场景式美陈也是商业美陈的重要内容。漂亮的商场美陈不仅是一个"摆件"，而且是多个细节的完美结合，或者说，商场美陈体现在每一个细节中。

书店美陈根据表现形式及作用，主要分为开业美陈、节庆美陈、季节性美陈及日常美陈4种：

1. 开业美陈。

书店开业美陈是打造书店新形象的第一步，也是视觉营销的绝佳时机。开业美陈的规模和气氛直接代表着一个书店的风格。在进行书店设计时，必须要求设计师提前拿出一个完整的美陈方案，这很关键。举个例子：一家中型书城在开业后才发现设计师根本就没有做专业美陈的设计，最后不得不请专业的美陈公司来设计与弥补。从设计的整体性与结合的完美性来看，这种后来的设计与弥补是存在遗憾的。

2. 节庆美陈。

现在，商场利用各类节日做高品位的美化装饰和陈列展示，这已经成为常态。节日美陈的特点是主题鲜明、时效性强。节日美陈具有特殊的营销作用，对商场整体的销售起到举足轻重的辅助作用。有的书店在儿童节时也做过一些美陈，但大多是儿童图书的码堆，虽放了几个简单的卡片式卡通人物做配套，但还是过于简单，不容易吸引小朋友。

3. 季节性美陈。

季节性美陈主要指以春、夏、秋、冬四季为基本的界限，利用四季更迭的特点而进行的装饰制作项目。春天的嫩芽、绿叶、风筝，夏天的风车、水珠，秋天的枫叶、丰收稻穗、成熟水果，冬天的雪花、冰凌、雪娃娃等元素都可以运用到美陈设计当中。赏心悦目的季节性美陈能满足客户购物的快感，从而大大带动应季商品和整场的销售氛围。这是书店要多加学习和借鉴的地方。

4. 日常美陈。

日常美陈是商场美陈最基础的工作，一般是指商场里的装饰品、导示牌等物品的摆设。比如，笔者喜欢在书店内的每个阅读桌上摆放花器，因为这些日常点缀可以让阅读成为一种浪漫的生活方式。

除了以上4种美陈形式，书店还要根据图书内容进行主题式美陈。比如，一家书店用几十平方米的空间做了《哈利·波特》图书场景美陈，根据电影里的场景进行设计和布置，成功地吸引了许多小读者。工作人员扮演电影里的角色，与小读者互动，对图书促销产生了很大的带动作用。

九、重视"书店陈列师"这个图书销售与艺术间的"行者"

在书店,基础陈列应是所有员工的基本能力。然而,主题陈列、场景陈列的工作并不是每个员工都能胜任的,因为陈列不是把有特色的图书罗列、堆放在一起就能了事的。在商业领域,陈列师是个专业性比较强的职业。

陈列师能够运用艺术的、文化的甚至另类的手段,对产品的相互关系、内在含义、价值定位、品牌文化以及销售战略等方面进行展示,引起消费者的兴趣,满足消费者体验产品内涵和服务品质的需求,从而最大限度地开发出产品潜在的价值,达到商业目的。形象地说,他们是终端卖场的点金人。一名好的陈列设计师可以通过自己的巧手把商品的价值传递给消费者,并潜移默化地影响消费潮流。陈列师是商业与艺术间的"行者"。工作时,陈列设计师通常具有双重身份:面对产品时,他们是艺术家,能够通过艺术手段展示产品,以打动和感染消费者;面对消费者时,他们又是一流的商人,能够利用流行趋势、市场变化和消费心理成功地把商品推销出去,为企业赢利。

有书店同人说,考察日本和韩国的书店,感受最深的是图书及其他商品的陈列,其最大的特点就是可以准确地把握顾客的需求,顾客们在进店的时候就能很明确地感受到这一点。确实,我们对图书陈列的认识不够,长期以来只以"美观"二字来要求,对技术的要求还停留在"码堆"的阶段。书架和书台陈列应是每一位营业员的基本功。但是,主题陈列及场景陈列则需要更专业的人员来操作。

书店陈列师和其他行业的陈列师有一定的差别。书店陈列师要有一定的环境设计、室内设计、平面设计的基础以及较强的审美观,还要具备相关的图书知识,懂得读者心理。同时,根据现代书店的要求,他们还要具备文创产品、餐饮、家居、生活用品甚至服装等多业态商品的知识。因此,笔者认为,大中型书店必须设立"书店陈列师"岗位或组建专业的陈列团队。

在此,笔者要强调一下书店陈列师身份的属性:第一是艺术属性,也就是前文所述懂得设计并有较强的审美能力等。第二是营销属性,也就是说,书店陈列师是营销员或营销专家,陈列的目的是吸引消费者,引起关注,以实现销售。

书店陈列师的工作有以下 6 个要求:

1. 认识陈列的目的。

书店陈列的目的,就是使图书或其他商品对顾客形成视觉上的冲击,最大限度地引起顾客的注意力和兴趣。这要求书店陈列师充分掌握适应读者心理模式的"AIDMA 法则":注意—兴趣—欲望—记忆—行动。

2. 有明确的陈列主题。

一些大中型书店会根据不同类别的作家、学科以及内容关联等确定相应的陈列主题，这样有利于销售。比如，某作家专题、某作家作品及相关内容图书，或是根据相关内容改编的电影剧本专题等。当然，书店有时可以根据节日、季节等来创造一些关联性、互动性强的话题，进而对相关图书进行主题陈列。

3. 研究陈列位置的设计。

有人认为陈列的位置不需要设计，根据类别放在相应的书架上即可。其实不然。我们必须考虑书店的整体规划、销售区域划分、读者路线等，针对入口、主通道、电梯出口、服务台等位置，根据读者的阅读习惯和消费行为，对重点图书进行特殊陈列，以求达到最佳促销效果。

4. 注重关联性陈列。

我们要考虑到关联性商品的组合陈列。比如，生活类图书与生活类产品、摄影图书与摄影器材、休闲图书与品质生活用品、美食图书与食品等的组合陈列，能拉动这些关联性图书和商品的整体销售。

5. 强化与进货人员的沟通并配合促销活动。

陈列师要经常与进货人员或选品师沟通，进而了解重点图书和销售行情，将货源的数据作为陈列依据。同时，陈列师要积极配合书店的专业销售人员，在各类促销活动中有侧重点地进行陈列设计。

6. 保持陈列维护并常换常新。

一些书店存在陈列的图书任由读者翻阅，没有专人进行维护的情况。书店的陈列师应该时常察看书籍陈列情况并及时维护。同时，陈列师要根据不同的主题，时常轮换主动线上的图书陈列，以增加读者的新鲜感。

十、用陈列技术让不好卖的书畅销起来

有一次，笔者去一家品牌店买衣服，一进店门就被小展台上的小场景式陈列吸引住了。白色的欧式桌上放着 3 只藤篮，一旁放了一只精美的玻璃花瓶及一束花，藤篮里摆放的是短袜，顶上一束温暖的灯光直射在这组陈列品上，让人感到十分温馨。笔者本来不想买短袜，却瞬间有了购买的冲动，买了 3 双。当营业员说这种短袜特别畅销时，笔者在思考，究竟是短袜本身就是畅销品，还是这样的美陈使原来不畅销的短袜变得畅销呢？笔者又联想到书店的畅销书，它们大多是因内容好而畅销的，并不是因为陈列好而畅销的。

据统计，一名消费者在一个商店展示柜台平均停留 15 秒，75% 的人会在 5 秒内作出决定，如果看不到要买的品牌产品，40% 的人就会购买别的。这就表明，终端陈列的生动化影响消费者的购买行为和购买决策。

笔者做过在店内创造畅销书的案例，就是"重复重复再重复"，即强化读者记忆并诱发读者阅读，大幅增加销售机会，甚至在洗手间也会投放要推销图书的广告，这样做的效果很显著。那么，主动地通过场景陈列能不能创造畅销产品呢？还有，现有的畅销书陈列，尤其是现在普遍将所有畅销书罗列堆放的方式效果如何呢？

书架陈列需要关注"黄金陈列线",黄金陈列线是指与人水平视线基本平行的范围内的货架陈列空间,一般距地面85~120厘米。货架的第二、三层是眼睛最容易看到、手最容易拿到商品的陈列位置,被称为最佳陈列位置。在书店内,黄金陈列线上的图书陈列是非常重要的,而我们却不太重视,并且图书的陈列完成之后,一般不会再去调整书架,只在缺货时补货。笔者经常查看各类别图书书架的陈列,一会及时将重点推荐图书陈列在黄金陈列线上,二会定期调整书架上下层的陈列,将底层和最上层的图书调整到黄金陈列线上来。这样做有两个好处:一是让读者感觉书架上的书都是"新"的,二是将需要推荐的图书放在显眼位置,制造畅销机会。当然,还有一个重要技巧,就是在书架的第二层和第三层给所要推荐的图书插上精致的卡片,写上这本图书的特点或优点等,让陈列生动起来。

大众媒体推荐的畅销书榜,自然能够吸引读者购买。畅销书台上的美陈,同样能吸引读者,让读者快速找到畅销书并购买。运用美陈将并不畅销的图书销售出去是需要技巧的。

1. 让图书说话。

书台上陈列的图书如何告诉读者这本书的魅力是什么呢?我们可以通过比较专业的平面设计做成小型广告,和图书一起摆放,或是悬挂在平台上,书名、副标题、能体现图书核心价值的一句话、名人推荐语、媒体评价精选等都是广告内容。图书陈列在书台上,如何才能让读者快速得知图书的内容呢?书店可以请专业的设计人员针对图书、书台、书店的特点设计小型的展板,和图书摆放在一起,或悬挂在比较显眼的位置。展板的内容可以是与图书内容相关的名人推荐语、媒体评价等。

2. 让图书动起来。

笔者曾在机场看到旅客站在书店的屏幕前，观看上面播放的经济类培训视频。书店的目的之一是推销经济类图书及培训光盘。笔者曾在重点推荐图书平台上播放自己策划的图书宣传视频，取得了相当好的效果。

3. 在占用读者时间的位置陈列图书。

书店内的阅读区、咖啡区是静心阅读的地方。因此，书店可以在这些区域多陈列些要推荐的图书。

4. 场景式陈列效果更好。

社科、文艺、儿童、科技、医学、休闲、生活等类别的图书，都可以根据内容来进行场景式陈列。比如：为一本美容图书营造一个简单的小场景，即在陈列时搭配上周边的化妆品、镜子、首饰等。这些能吸引读者，并让读者觉得这本书的内容价值较高。

5. 码堆也要有场景。

有些书店的码堆只注重造型，与内容的连接性不大。另外，看似完美的造型，其实只是为了造型而造型，不方便读者取书翻阅，因为取一本就破坏了造型。码堆也要注意场景的营造：一要注重图书内容的表达，二要想法设法将图书与其他辅助物品一起形成整体造型。

做个好书店

OPERATING A GOOD BOOKSTORE

第三章

"垂直细分"与"跨界连接"创新书店形态

近年来,中国许多实体书店在努力拓展经营范围,打造"书店+"模式的"复合型业态",实现从传统书店向新型书店转型。这些书店的业态有咖啡、茶、文具及其他文创、家电,还有超市、餐馆、学生自习室等,相当丰富。现在大多书店将咖啡、文具及其他文创作为"标配"。近年来,在不断拓展经营范围的同时,不少书店的经营者开始在"专业"和"垂直"上下功夫,对读者市场进行了细分。很多优秀的"主题书店",如红色书店、校园书店、诗歌书店、戏剧书店、社区书店、汉文化书店、运河书店、地图书店等陆续出现,并以专业内容和服务满足读者不同需求。

实体书店如何运用融合思维实现真正跨界,使"书店+"成为有竞争力的赢利模式,主题书店如何更专业、更有特色,让同好者有归属感,是本章所探讨的话题。在这一章中,笔者还专门针对红色书店、校园书店、教育研学、文旅融合做实操型分享。

第 10 讲

精准定位和内容营销是主题书店生存的核心

在英国伦敦，有一家开办于1981年的"厨师书屋"。书屋的主人海蒂·雷斯勒女士是个热爱烹调的家庭主妇。"厨师书屋"里有8500多本与美食有关的烹饪书。如今，这里已经成为很多厨师、美食爱好者、餐饮评论家聚会的首选，被誉为"全球味道最好的书屋"。书屋里配备了一套现代厨具，并在一楼设有"试验厨房"，每天会邀请一到两位高级大厨在此烹饪食物。读者大约花150元就可以享用一顿色香味俱全的午餐。"试验厨房"的菜品每天都不重样，由驻店大厨根据书架上的食谱和菜市场的当季食材决定。"试验厨房"不能预约，顾客只有亲自前往，才能知道当天的菜品是什么。二楼设有"示范厨房"，每周六会邀请一位厨师讲解、示范自己的拿手好菜。有兴趣的读者只要花约300元就有机会向大厨学艺，还能亲尝成品、饱餐一顿。

在日本东京，有一家以博物学为主题的书店——"达尔文书店"，也叫"好奇心之森"。书店的基本理念是"教养的再生"，旨在建立一座自然科学的实验室。书店销售相关主题图书，同时销售化石、矿石、植物、昆虫等标本以及一部分文具，还销售一些与主题内容相关的小装备，如"野鸟观察用镜""桌面用放大镜球""野外用超级迷你放大镜"等。店内有一个小小的咖啡店，为读者提供看书和休憩场所。店内经常举行讲座、研讨会、电影上映会等活动。书店曾以"达尔文的魅力航海"为主题，举办了为期4天的研讨活动，围绕着达尔文的进化论，讲述生命进化的历史。"环世界研究室"的一个固定项目也曾在此举行过活动。该项目的重点在于"从动物的角度看世界"，展示不一样的自然世界，邀请的嘉宾涵盖了实验室的研究人员和案头作家。有意思的是，该书店还和落语（类似于我国的单口相声）家合作开讲座，为其提供表演场地。另外，达尔文书店还有一项专业项目，就是"博物馆和美术馆的企划监修"。应该说，达尔文书店是一家把主题书店几乎经营到极致的书店。

主题书店从分类上属于专业书店，但概念比专业书店更广，读者群也更广泛。越来越多的主题书店已经不能用"专业"来定性，其主题范围涉及政治、地域、历史、人物、学术、性别及个人爱好等。近几年，"中国书店大会"每年都会评选"主题书店"，全国涌现了不少优秀的主题书店，如红色主题书店、汉文化主题书店、美食主题书店、女性书店、地图书店、戏剧书店、诗歌书店、背包客书店等。

主题书店一般经营规模较小，给读者提供的图书和服务针对性较强，图书的品种和分类格局呈现出专精及细分化的特点。主题书店在图书陈列方法上改变了按学科划分的分类体系，大多是按主题内容进行分类，进而迎合读者的阅读习惯，锁定读者群，培养拥护者与追捧者。这些书店独具特色，提高了消费者的品牌忠诚度，并使书店获得了良好的口碑。

2016年，由青岛城市传媒股份有限公司创办的BC MIX美食主题书店开业，成为国内首家美食特色书店。1000多种图书是空间里最引人注目的主元素，店里除了有关于各国美食、甜品烘焙、茶、红酒、饮食文化等的美食类图书，还有关于音乐、时尚、旅行、文艺、哲学、文化等的书籍。当然，儿童绘本也占有一定的比重。"它是一家书店，有一万多册书，是喂饱你的精神食粮。""它又是一家美食坊。"书店还策划了很多有创意的营销活动，如"BC饭局"。"BC饭局"就是邀请本地美食圈的名人一起来品尝新菜、招牌菜，借助他们庞大的"粉丝"量和新媒体传播力量，迅速扩大 BC MIX 的影响力和知名度。书店力求将"BC 饭局"打造成一个社交沙龙，形成独立的沙龙品牌、餐饮美食品牌、出版物和文创产品品牌。

笔者策划并设计了不少主题书店，如井冈山市红色书店、延安市中国红色书店、户外旅行主题书店——乌海市竞人书店、国际背包客旅游书店——青岛市栈桥书店、汉文化主题书店——汉中市汉中书城、大运河文化主题书店——邳州市邳州书店、徽文化主题书店——合肥市徽州书局与南京市少儿书店，以及外国语主题书店——天津市外文书店等，对主题书店的策划与运营有一定的经验。

一、主题书店定位精准，图书专业度和满足度要高

主题书店的定位要精准，千万不能为"主题"而"主题"，更不能生硬地创造一个"主题"出来，要根据地域、读者、出版物及相关产品、商圈、文化等多个要素来定位主题。主题不能太窄，也不能太宽。比如，以剪刀为主题来策划书店就不太现实。虽说人人都用剪刀，但关于剪刀的图书不多。

主题书店中与主题相关的图书必须具有一定的规模。首先，丰富的主题图书能够满足主题阅读者的需求。其次，丰富的主题活动能够满足读者的知识交流需求，不可本末倒置。所以说，主题书店的相关主题图书一定要有品种、数量、品质及自有产品的优势。例如："思南书局·诗歌店"是上海最大最全面的诗歌书店，为读者提供了约1000种不同语言的诗集，以及与诗歌相关的图书，如诗歌评论、诗人传记、散文、绘本等。北京女性主题书店"雨枫书馆"内的图书主要是女性作者的书、关于女性的书、女性爱读的书，专业性和满足度较高。"朵云书院·戏剧店"的选书则秉持"来自专业，面向大众"的原则，既有戏剧史上重要的名家名作和研究典籍，也有大量与戏剧"触类旁通"的图书，帮助读者了解戏剧在不同生活领域的延伸和应用。店内还设有"戏剧的时间线""戏剧人书单"等特色主题书架。

笔者的观点是，一定要让读者在主题书店找到他们所需要的每一本主题图书。总之就是一个字："全"！还有一点也很重要，即主题图书的内容、作者（或编译者）和版本的权威性。这是支撑主题书店品质的根本。如何才能做到呢？笔者的做法是通过各种渠道购买权威

的高质量的主题图书,目的就是满足读者的主题阅读需求。由于种种原因,某些图书只能从二手书店购买,这种图书买来放在书架上只为满足读者的阅读需求,不进行售卖。当然,主题书店也可以为读者提供购买某些图书的渠道,以满足读者需求。

二、主题书店空间调性要与主题高度吻合

设计主题书店的空间布局时,要力求空间整体调性与主题内容高度吻合,让人有强烈代入感。比如,读者进入一家民国主题的书店,迎面而来的应该是浓浓的民国时代的气息。书架、书桌椅、台灯、窗等硬件和服务员服装、气质等都要有民国的调性,甚至要把细节做到民国的书刊、报纸、作家照片上。

笔者策划并设计的青岛栈桥书店的定位是"背包客旅游书店"。书店离海岸仅一个路口,离火车站500余米,以背包客旅游为主题,将海洋、青岛历史与民俗、旅行等要素融合在一起,书店调性与主题结合的效果比较理想。开业当天,就有一些去青岛的旅行者拉着行李箱来书店。笔者最初的策划是给旅行者提供住宿,可惜没有得到相关行政部门的批准。一句话,笔者所说的主题书店空间调性与主题高度吻合,就是利用整体的空间营造,以可见的形式向读者传递主题内容。

三、主题书店成功的核心是内容营销

主题书店都会围绕着书店的主题策划大量的活动。比如,"思南书局·诗歌店"在开业不久就邀请近百位嘉宾做客书店,为读者带来诗歌主题的新书分享、创作对谈和经典诵读。书店还推出"每月一诗"的主题展陈,即每月精选东、西方诗歌各一首,配合相关图书展出。笔者策划并设计的户外旅行主题书店——乌海市竞人书店通过举办几百场活动,深耕内容服务,传播户外旅行知识,充分利用乌海的地理特点,定制户外旅行和竞技项目,形成了比较独特的商业模式。全国第一家女性书店"雨枫书馆",在开业十几年里坚持举办"书女沙龙",邀请女作家、女学者做阅读、旅行、爱情与人生哲学的分享会,坚持在女性阅读服务方面深耕细作,成为以书会友的交流场所和跨领域的女性发声平台。应该说,雨枫书馆是主题书店内容营销的成功案例。汉文化主题书店汉中书城定期举办各种形式的汉文化主题活动,"汉风古韵汉文化大讲堂"已经成为品牌活动,得到汉中市委宣传部的支持。

但是,有两种现状值得我们警惕:其一,主题书店在长期的运营中由于种种原因渐渐地脱离了主题,成了普通书店。其二,主题书店的内容营销渐渐成了自娱自乐的小圈层的"情怀式"活动,与主题图书及相关服务产品的销售没有任何关系。

四、主题书店的营销利器是高黏性的会员服务

女性主题书店雨枫书馆的成功经验之一就是建立书馆会员制，会员卡分为4种类型，包括书女会员卡、书枫会员卡、书童会员卡以及书媛会员卡。会员享有阅读服务、互助服务及信用服务等权益。其中，阅读服务包括自由借阅、折扣购书等；互动服务包括书女沙龙、读书会、电影、学堂等；信用服务主要是会员阅读积分抵扣会员费、续费优惠等相关服务。海豚儿童书店从第一家门店起就建立了会员制，书店的会员卡分为小海豚卡、海豚银卡和海豚金卡。海豚会员可以享受多项专属的一对一服务。

热爱同一类主题的读者是真正的"书友"。主题书店要充分运用会员制营销来提高读者的身份归属感，增强读者与书店的黏性。

第 11 讲

"传播红色文化、弘扬革命精神"
——打造"红色书店"

"红色书店"是主题书店中比较特殊的书店,是传播红色文化、弘扬革命精神的阅读专属空间。在各级政府的指导下,全国各地出现了越来越多的"红色书店"和"红色书屋"。如何创建与运营红色主题的书屋和书店不仅是书店经营单位关注的话题,而且是各地政府关心的话题。

笔者自 2015 年策划并设计了中国第一家红色书店——井冈山市红色书店之后,又相继策划、设计了中国首家集红色文化研究与图书出版、销售、阅读于一体的文化综合体——延安书局,以及中国规模最大、历史场景感最强的红色文化主题书店——延安市中国红色书店。

笔者认为,红色书店不仅仅是销售红色图书的卖场,其核心应是"传播红色文化,弘扬革命精神"。红色书店应是当地红色纪念展览馆内容的延伸。因此,笔者在策划和设计红色书店时,首先做的是研究透红色文化内容和内涵,并巧妙地用设计语言体现革命年代的"人、物、事、魂"。"事"和"魂"是笔者在策划和设计红色书店中最关注的。"事"是有着重大影响的革命活动或历史事件,"魂"则体现为红色精神。

一、红色书店场景打造要充分体现历史和红色精神

笔者在策划和设计井冈山市红色书店时,大量地阅读和研究了当地的革命历史和红色文化。比如,井冈山根据地是毛泽东同志领导建立的第一个农村革命根据地,形成了"农村包围城市,武装夺取政权"的思想。因此,策划并设计该书店时,笔者紧扣"星星之火,可以燎原"的井冈山精神打造空间场景。开业不久,该书店就被新华社等主流媒

体报道,在全国的"红色书店"创建中起了示范作用。2017年,笔者策划并设计了中国规模最大、历史场景感最强的红色文化主题书店——延安市"中国红色书店"。笔者在红色文化主题图书区和儿童图书区,分别将毛泽东同志住过的枣园窑洞和习近平同志在梁家河插队时住过的窑洞作为典型符号,还设计了延安杨家岭礼堂式的图书文化展演舞台和延安保育院旧址场景的儿童阅读主题公园等。同时,笔者在书店中完整复制了新华书店发祥地延安清凉山新华书店旧址,将其作为"新华书店历史陈列馆"。另外,书店还有一些蕴含陕北民俗特色和红色文化元素的雕塑、剪纸、装饰等组合的场景。书店向读者呈现了有红色文化特色和区域文化特色的阅读空间。如今,"中国红色书店"已经成为延安市的红色文化地标和红色旅游名片。

二、红色书店运营的血脉是传播红色文化的主题活动

创建红色书店的宗旨是"传播红色文化,弘扬革命精神",因此红色书店必须采用主动传播与读者参与相结合的运营模式。延安市"中国红色书店"设置了提供红色文化阅读与研究的阅读室,以及举办各类红色文化展演活动的舞台空间,构建了多样化的红色文化传播平台。现在,延安市"中国红色书店"每年组织阅读活动200余场,其中约70%是与红色文化主题相关的。如今,延安当地的学校及许多企事业单位将"中国红色书店"当作红色文化教育最佳场所,把红色文化主题知

识、朗诵比赛、企事业单位的党课及讲座放在书店进行,甚至把入党宣誓仪式也放在书店举行。

2021年,上海首家红色主题书店"1925书局"开业。书店采用全息展示、增强现实互动、沉浸式互动话剧体验等多种形式进行红色文化传播,充分利用丰富的出版资源向读者提供优质的红色主题讲座,还引进了"剧本杀"项目,策划了"七一"特别版红色剧本杀,还提供多个红色主题的剧本杀。"1925书局"是比较成功的案例之一。

第 12 讲

高校书店的核心在于符合教育精神

校园书店建设是大家比较关注的话题。近年来，中小学以及高校陆续创建了"校园书店"。其中，高校书店的建设相对成熟。2019年，教育部办公厅发布《关于进一步支持高校校园实体书店发展的指导意见》，要求"高校应至少有一所实体书店"，进一步推动了高校校园实体书店的发展。

当前，高校书店的创建主体有高校、高校图书馆、高校出版社、以新华书店为代表的实体书店以及"高校出版社＋图书馆＋书店"混合体。这些主体创建的高校书店各有优势，有不少的成功案例。

一、高校书店的定位应比高校图书馆及校外普通书店更高级

高校书店与高校图书馆、校外普通书店有本质的区别。

笔者认为，高校书店与高校图书馆相比较有5个"更"：第一，更开放。高校书店是学生生活的第四空间，即校舍、教室、图书馆之外的阅读空间。第二，更温暖。高校书店提供的是温暖的阅读和文化消费空间，是学生滋养美好心灵的福地。第三，更场景化。高校书店的阅读环境比图书馆里严谨的借阅环境更有阅读场景感，是更符合大学生文化消费观的社交型空间。第四，更具互动性。高校书店提供的是人与人、人与书、人与学术、人与书店的社交平台，比图书馆更具互动性。第五，更有体验感。高校书店提供给学生的不只是阅读体验，还有文化创意创造的空间与平台。

笔者认为，高校书店与校外普通书店相比较也有5个"更"：第一，

更有文化气息。高校书店不像校外普通书店那样商业气息浓重,其文化气息主要体现在选品、空间设计、服务、活动等方面。第二,更专业。校园书店的空间、选品以及活动都体现学校特色。这和校外普通书店的区别就更大了。第三,更精准。高校书店围绕着大学专业的选品与服务更精准。第四,更前卫。高校书店符合当下大学生的新消费主义。第五,更注重品牌化。高校书店更注重品牌的打造,而且每家高校书店都应是独立品牌。

所以,高校书店的定位应比高校图书馆和普通书店更高。在此,笔者给出这样的高校书店定位:"高校书店应是大学生追求美好精神生活的第一站,是大学生阅读与交流的文化社交平台,是大学生文化创意与创造的新空间,是满足大学生新文化消费形态的最佳场所。"

在这样的定位下,高校书店有多种业态与模式。业态方面,有图书产品、与学科有关的附属品、高校强"IP"的文创产品、创客创意工厂及创意集市、学生文化生活消费品、学术研讨与交流、艺文展演与展览、学生会活动、植入文化内涵的饮品和附加产品等。模式上,有"书店+图书馆+创意中心+电影+小剧场+第三教室+学生集市+……"模式、"零点高校书店"及"24小时高校书店"等。最关键的是,要让学生真正喜欢高校书店,让高校书店成为他们大学生活的第四空间和文化消费与实现自我的最佳场所。

二、高校书店的气质应符合高校的"大学精神"

"大学精神"是大学在自身存在和发展中形成的具有独特气质的文明成果,是科学精神的时代标志和具体凝聚。古今中外名校的"大学精神""大学文化",不外乎追求真理、卓越、社会责任、学术自由和思想独立等。高校有着自己独有的大学精神。比如,"思想自由,兼容并包"是北京大学的精神特质和文化标志;"自强不息,厚德载物"则是清华大学精神和文化的支柱与灵魂。

高校书店作为传播文化与阅读的空间,所呈现出的气质首先要符合本校的精神。因此,高校书店的空间设计、场景设计、选品、业态、活动策划与推广、员工的知识水平与服务水平等都得与高校的精神相匹配。这样,高校书店才能成为被教师热爱、学生热捧的书店,才能成为高校不可或缺的一部分。

三、高校书店的运营要适应当代大学生的消费习惯

为什么现在的一些高校书店运营困难呢?那是因为它们不太了解大学生的性格、消费心理与习惯。

在运营高校书店时,要运用用户思维、学生思维,研究透当代大学生的消费心理和行为。例如:求知求存心理、追求时尚心理、爱美心理、趋同心理、求奇心理、模仿心理等。当然,也要了解他们消费的独特性、兴趣性、时尚性、从众性、攀比性、礼节性、冲动性、无计划性等特点。当下,年轻大学生强大的自我中心意识、较强的媒介成熟性以及对流行文化更富个性的解读,为高校书店的运营带来了新的命题。总之,我们要抓住当下大学生文化消费的特点,使之成为高校书店运营的基础。

高校书店追求的终极目标,就是成为"大学生活中最美好的记忆"。

第13讲

书店跨界思维与跨界原则、类型、模式

2015年底，无印良品上海市淮海路旗舰店内开了一家书店，把自家的"杂货店"改造成书店或者说是有"书"的店，引起了业界的关注。后来，无印良品进一步跨界，开设了一个"果蔬卖场"。2018年，诚品生活台北信义店打造了一个全新的生鲜菜市场，是首家"诚品知味MARCHE市集"。2021年，星巴克在上海来福士广场办公楼开设"共享空间概念店"，设置了近100个座位，面向办公人群，也引起了热议。2021年10月16日，中信书店与麦当劳合作推出了首家儿童主题书店，这种基于用户选择路径和消费方式的融合，是目前书店业跨界比较大的合作案例。

所谓跨界，是指某一属性的事物进入另一属性的运作。主体不变，事物属性归类变化。进入互联网经济时代，跨界更加明显、广泛。独立的行业主体，通过不断融合、渗透，创造出很多新型的、发展势头很猛的经济元素。跨界的本质是整合、融合，是通过自身资源的某一特性与其他表面上不相干的资源进行随机的搭配应用，以放大价值，或融合成一个完整的独立个体。刚刚提到的无印良品就是典型的跨界成功的案例，诚品书店也是如此。

以前，实体书店将和其他行业合作以及销售非图书产品称为"多种经营"，应该说那只是增加了图书以外的产品销售，而没有成为"业态"。近年来，实体书店开始不断探索跨业态经营模式，尝试多种跨界与融合。大家都提出"书店+"模式。笔者认为，最难跨越的不是技能之界，而是观念之界。思维不能超越和跨界，是一件非常可怕的事。其实，无印良品跨界销售图书并不比书店业余，一些以销售文具为主的店销售起图书来甚至比书店还专业。所以，我们缺的是运用"跨界思维"去策划书店的商业模式和运营方式。

实体书店想成功跨界，书店决策层首先要有正确的跨界思维。什么叫跨界思维？跨界思维就是多角度、多视野看待问题和提出解决方案的一种思维方式。跨界思维的核心是颠覆性创新，源于行业之外的连续性创新。跨界思维本质上是一种开放、创新、发散的思维方式。

诚品书店的李介修认为："图书有个特质——它是有'多元内容'的商品，可以延伸出很多与生活相关的议题。"在诚品书店塑造的空间中，所有延伸出来的生意都源于图书。诚品开的餐厅是对饮食类图书的延伸，电影院和画廊则延伸自戏剧、电影、绘画等艺术类图书。诚品不仅向外延伸书里提到的商品，而且向外延伸与书相关的活动。这其实代表着诚品书店比较成熟的跨界思维。

从操盘实战的角度看，书店跨界有7个原则、4个类型。

一、书店跨界的7个原则

1. 资源相匹配的原则。

这个原则通俗地说就是"门当户对"。跨界的企业在品牌、实力、营销思路和能力、企业战略、消费群体、市场地位等方面应该有共性和对等性。比如，江西新华书店在书城内建电影院，还与常见的画廊、琴行及摄影、旅游等项目合作。

2. 品牌效应叠加的原则。

品牌效应叠加是指合作的品牌在优势上相互补充，各自将已经确立的市场、人气和品牌内蕴转移到对方品牌上，从而丰富品牌的内涵，提升品牌整体影响力。笔者在 20 多年前曾策划过书店与银行合作，设计了书店的专属银行卡，使两家的优质客户相互转化，还在书店内设置直接提供银行业务的空间和窗口，推动书店与银行的深度合作。

3. 消费群体一致性的原则。

从品类跨界合作方面看，文化用品、教育用品、文创产品等品类的消费群体与书店的消费群体一致。从内容分类而言，书店可以推动体育类图书与体育用品合作、音乐类图书与器乐产品以及音乐培训机构合作等。日本茑屋书店在艺术图书区展示艺术品与版画，在摄影图书旁边售卖高端相机及器材，在科技前沿书籍里混搭迷你机器人、创新电器，体现了跨界品类消费群体一致性的原则。

4. 品牌非竞争性原则。

我们跨界营销旨在通过合作丰富各自产品或品牌的内涵，实现双方在品牌知名度或在产品销售额上的提升，达到双赢的目的，但如果引进的项目和书店是竞争关系，就会直接影响书店自身产品的销售。笔者曾看到一家书店引进一个少年儿童类品牌项目，但后来发现，这个项目的商家有很多文具、玩具等产品，和书店自己的产品高度重合，这个商家甚至利用丰富的活动推销自己经营的儿童图书，与书店形成了直接竞争关系。这种跨界合作就是失败的。

5. 非产品功能性互补原则。

非产品功能性互补原则指进行跨界合作的企业在产品属性上要具备相对独立性，产品本身能够独立存在，企业各取所需。这个也比较容易理解。方所的"例外"品牌服装与图书经营就是一个例子。"例外"虽是方所创始人的品牌，和书店的图书相对独立，但其品质和书店的定位、气质很吻合。再比如，茑屋书店销售家电以及自行车是基于一种共性，即产品本身以外的互补，如渠道、品牌内涵、产品人气或者消费群体等。

6. 品牌理念一致性原则。

品牌作为一种文化的载体，具有代表特定消费群体、体现消费群体文化等诸多方面的特征。品牌理念的一致性就是指各品牌在内涵上有着一致或者相似的诉求、相同的消费群体及特征。品牌理念只有保持一致，才能在跨界营销的实施过程中使消费者由A品牌联想到B品牌，实现两个品牌的相互关联或者使两个品牌在特定的时候画上等号。

7. 以用户为中心的原则。

我们一切的跨界策划都必须以用户为中心，尤其是书店所在地的区域用户，这个是最根本的原则。比如，不是每家书店都要做西餐，书店必须根据当地读者的消费习惯和需求来定是否能做西餐。

二、4个跨界类型

科学地将书店跨界进行分类，会更专业、更容易融合、更容易成功。一般来说，书店跨界可分为4个主要类型：

1. 品牌跨界，同等级别品牌间的"联姻"。

这个类型中，"同等级别"4个字很重要。也就是说，两个在不同领域同样著名的品牌在跨界合作时,共同进行品牌推广和销售,可以增强对消费者的吸引力,也可以利用对方忠诚消费群体增加销售机会,并强化消费者的品牌忠诚度和好感度。

书店品牌与星巴克品牌"联姻"是一个典型案例。美国著名的连锁书店巴诺书店与星巴克全面合作。笔者之前在美国纽约学习与交流时,便发现位于纽约第五大道的巴诺书店内的星巴克生意火爆,顾客中午去书店喝咖啡一般都没有位置,店里客人几乎人手一本书和一杯咖啡。另外,日本茑屋书店合作的也是星巴克。星巴克是个存在感很强的品牌,顾客的黏性很高。现在国内也有不少书店与星巴克合作。

2. 渠道跨界,以渠道和终端为核心的合作。

渠道跨界是指产品或者品牌跨越不同于常规的销售渠道,从而获得不同领域的消费者。这种相互进入与整合的渠道跨界应用比较广泛,国内外有很多成功案例,在书店中也不少。比如,书店与超市合作,在超市内设专区销售图书。书店与中小型品牌连锁超市合作,将书店遍及大街小巷。

笔者策划过将医药类及保健养生类图书与品牌连锁药店合作的项目,利用药店这个销售渠道精准地为消费者提供相关图书。近几年,有好几家书店将分店直接开进了医院。例如:2016年杭州市的晓风书屋在浙江省人民医院住院大楼的一层开分店。从营销的角度看,医院就是渠道。

除此之外,书店进学校、书店进银行、书店进剧场或电影院、书店进加油站等都属于渠道跨界。

3. 文化跨界，加强书店品牌价值的融合。

书店虽说是传播文化的载体，但从商业属性而言，它同样是一个销售场所，仍然需要通过各种文化嫁接来激活图书销售，提升品牌的价值。

笔者策划果戈里书店文化跨界时将书店与音乐文化嫁接，成立了果戈里书店爱乐乐团，定期为读者演奏室内乐。这一做法较为经典，很快提升了果戈里书店的品牌价值。歌德书店则将话剧引进书店微型剧场，还将相声艺术引进书店……这些都是文化跨界。另外，科技、贸易、金融、旅游等都可能与书店进行文化的跨界与融合。青岛栈桥书店就是将旅游文化与书店的文化深度融合，提升了书店在旅游界的知名度。

仔细观察和分析后可以看出，这些不同文化的融合与跨界，会让书店逐渐形成一种大文化气场和一种真正的文化氛围，有利于构建真正的"文化消费空间"概念。

4. 交叉跨界，多种跨界方式整合。

顾名思义，交叉跨界是多种跨界方式的综合，可以说是前文提到的多种跨界方式的融合体。成功的交叉跨界体现跨界策划的最高水平。当然，我们要根据资源、时间、地点、消费群体等要素来策划。交叉跨界的核心在于"创新"，需要颠覆传统思维，实行"无边际"运作，大胆借鉴、嫁接其他行业、产品的文化、思想、模式、资源和方法，超越过去，获得突破，实现多赢。

阅读

寻找内心的光明

第14讲

"书店+"的14个形态与整合运营技巧

书店的 14 个形态中的"形态",其实是指商业形态。从字面上来说,"形态"是形式或状态,指事物存在的样貌或在一定条件下的表现形式。商业形态,从直观上看是与顾客接触的界面,实质上是指商业模型的组成部分。笔者在此列举各类"书店+"模式下的新形态书店,并详解其功能与操盘技巧,供大家策划和经营书店时参考。

一、"书店+图书馆",关键是功能、选书与服务

2013 年,日本武雄市图书馆与茑屋书店合作,打造了一个复合式的阅读空间——"茑屋图书馆"。它不仅承担了原来的公共图书馆的功能,还包含了茑屋书店和星巴克咖啡店,形成了"书店+图书馆+咖啡"的形态,所藏图书总量达 20 万种。这里既提供借阅服务,也提供书籍、光盘、文创商品等的销售服务。2013 年,茑屋图书馆比改造前的图书馆效益更好,年访问人次从 25 万增长到 92 万,日均访问人次达到 2500,吸引了周边县市的读者,同时为周边商业设施带来近 20 亿日元的收益。现在,茑屋图书馆的一楼是茑屋书店,售卖图书和杂志,二楼则是图书馆。从政府的角度而言,政府一年内节省了约 600 万日元的图书馆运营经费;从书店的角度而言,书店既了解了读者需要,鼓励了读者阅读,又创新了经营模式。这两者的结合实现了双赢。茑屋图书馆实行"T点数会员卡"制度,即实现会员卡与借书卡一体化,并采用积分模式,消费者购物时积攒相应的 T 点数可以在书店内使用。

茑屋图书馆设立了阅读空间,保证来这里学习的人可享有舒适的位置,真正体现了图书馆的功能。现在,书店内有提供自助借书和买书服务的机器,读者如果有图书证,可以通过机器借书,如果想买书,

可以通过机器的图书查阅购买功能购买。

哈尔滨市果戈里书店也借鉴了"书店+图书馆"模式。第二层是综合性书店。第三层定位为"图书馆式书店",包括中间敞开的大空间、两边由书架与长阅读桌组合而成的4个半开放空间,以及一间封闭式的阅读室。果戈里书店不仅提供会员服务,而且提供借阅服务。沈阳市歌德书店也是这种思路。河南新华书店发行集团有限公司旗下的几十家社区书店设立了"尚书房",采取比较成熟的模式,会员可以全面享受全品种图书的借阅服务。

位于巴西圣保罗伊瓜特米商业中心的文化书店被称为"世界最美书店之一"。书店利用两层楼的空间,打造了一个融合购书与阅读的综合性空间,提供了一种舒适的阅读体验。这家书店设计主调是木色,地板、天花板和墙壁都是木质结构,非常温暖明亮。店内拥有超级宽敞的空间,中间区域的书架被拆除并改造为阶梯,便于消费者坐着休息、看书。第二、三层被打通,仿佛电影院般宽阔。这种独特的设计理念,使带有公共性质的图书馆和带有商业性质的书店、咖啡店融合在一起,成功吸引了许多人到店休息、看书、喝咖啡,创造了惊人的销售业绩。这就是典型的图书馆式书店。

这种"书店+图书馆"形态的呈现和运营应遵循以下4个基本原则:

1. 书店功能与图书馆功能的结合。
书店功能与图书馆功能的结合有两种方式:一是公共图书馆与书店合作。现在有不少图书馆已经与书店合作,实现双赢。二是书店提供图书馆功能，可借可买。

2. 用设计来营造图书馆式的氛围。

开放式的布局、书架隔墙的分区、足够的座位、私密的个人阅读空间、明亮且柔和的灯光、自由随性的动线、放松自在的活动氛围、安静的阅读环境等有利于营造图书馆式的氛围。

3. 提供高品质精选图书。

如果不是与图书馆深度合作，那么书店就要注重选书，不能以畅销与否作为选书标准，而应以书店的定位为基础，为读者提供有价值的图书借阅服务。

4. 设计好赢利模式。

如果是公共图书馆与书店合作，那么图书借阅部分由图书馆负责。如果是自营式"图书馆+书店"，那么图书本身并不作为书店的主要经营品种，其销售额一般只占30%，余下的销售额由文创、餐饮及其他附加服务完成。

在"书店+图书馆"形态的书店运营中，专业服务是重中之重。书店必须拥有专业的图书馆服务能力。

二、"书店+咖啡馆"，品牌形象与专业性为核心竞争力

有一年，笔者的朋友从布达佩斯回来，神采飞扬地向笔者描述了

被称为世界最美书店咖啡馆的亚历山大书店咖啡馆："非常棒的咖啡馆，开在书店里面。"亚历山大书店咖啡馆的一层、二层是书店，三层是著名的咖啡馆，提供咖啡、特色点心等。朋友在书店买了几本书，在咖啡馆内品尝了香浓的咖啡和可口的甜品。在书店里，朋友端详屋顶的壁画，聆听咖啡馆的琴师现场演奏的李斯特的乐曲，看着窗外洒进来的光线，很悠闲地享受了一段慵懒的午后时光。"历史的余韵，似乎从这家咖啡馆里不知不觉流淌出来。"这是多么美丽的场景和记忆啊！

亚历山大书店咖啡馆是比较典型的"书店+咖啡馆"的形态。它的核心是较强的专业度，书店内咖啡馆的功能、饮品、服务水平等在同行业内属于高水准。读者既能接受书店的服务，又能享受专业咖啡馆的品质。

西西弗书店目前已经拥有近300家图书零售店和意式咖啡馆。书店与自有品牌"矢量咖啡"完美结合，形成成熟的新书店形态。很多人的评价是："喝一杯矢量咖啡，品一本好书，在安宁与平静的空间里，恣意享受一段书香时光。"

其实，无论是美国的巴诺书店、日本的茑屋书店，还是中国的诚品书店、方所书店等，都是在书店里引入咖啡馆。一方面，咖啡馆带来了额外收入；另一方面，咖啡馆延长了读者在书店的驻留时间，拉升了图书销售额。

还有一个比较有意思的案例：哥伦比亚 9¾ 书店咖啡馆是一家专门

面向儿童开放的书店咖啡馆，不过在这里大人们也可以找到乐趣。书店里有孩子们的专属区域，他们可以在这里画画、休息、玩耍，或者静静地欣赏一本好书。大人们则可以在私人阅读室或公共阅读桌旁看看书。这里的咖啡原料是从哥伦比亚最好的咖啡豆产区买来的，再经过专业人士之手研磨，咖啡的味道是全镇最好的。

"书店+咖啡馆"形态现在分为两种模式：一种是书店内的独立咖啡馆，另一种是书店与咖啡馆的融合经营。书店内的独立咖啡馆是指书店提供相对独立的咖啡馆空间，如亚历山大书店、西西弗书店以及诚品书店。书店与咖啡馆的融合经营现在比较多，尤其是中小型书店，由于书店空间的局限，书店与咖啡馆融合经营是最合适的方式。

在"书店+咖啡馆"形态中，书店自营咖啡馆好，还是引进品牌咖啡馆好，亦是大家关心的技术性话题。

笔者在《书店革命》一书中曾提出这样的观点：对于5000平方米以下的书店，建议自营。从打造文化消费空间的角度出发，新型的书店理念应该是为消费者提供更多的舒适阅读与文化消费的自由状态，因为咖啡与书本身是一个消费整体。但是，不少书店直接引进咖啡馆，而咖啡馆又独立经营，只与书店进行简单的利润分成。于是，消费者常常会在书店与咖啡馆之间看到这样的牌子：已购图书方可带入。这种体验很不好，会流失不少的读者。笔者认为自营咖啡馆的优势是文化更契合、利润更丰厚、管理更方便。因此，即便是引进专业咖啡馆，也要首先研究融合经营的模式，让书店与咖啡馆融为一体。对于5000至20000平方米的大型书店，笔者则建议引进著名咖啡馆品牌。也可以将引进品牌与自营结合，在同一书店内有不同的咖啡经营区域。当然，最好的榜样是书店自创品牌咖啡馆，如西西弗书店的自有品牌"矢量咖啡"。

无论是引进品牌还是自营，咖啡馆的形象一定要优，内容和服务一定要专业，这才是"书店+咖啡馆"形态书店的核心竞争力。同时，书店自营咖啡馆要按品牌咖啡馆的标准来打造，最好是能创建自己的咖啡馆品牌，这样会更专业。在书店与咖啡馆空间分布方面，咖啡馆可以独立，也可以融合，关键是书店与咖啡馆的业态融合、服务融合、文化融合。河南省新华书店旗下的品牌书店"回声馆"是一家24小时营业的书店，形态是"书店+咖啡馆+酒吧"。书店里的"半森林咖啡艺术酒廊"，白天经营咖啡、甜点，夜晚则变身为酒吧，每晚都有爵士乐队的专业演出，吸引了不少年轻人。回声馆现在已经成为当地知名的文化消费品牌。

2022年2月14日，全国第一家邮局咖啡店——"邮局咖啡"在厦门正式营业。这是中国邮政自己的直营门店。从门店来看，熟悉的复古绿布景和标志性的邮筒带着浓浓的中国邮政色彩。门店提供到店自取和送货到家两种服务。这家邮局门店保留了邮政传统的业务服务区域，增加了可以用于喝咖啡、聊天的桌椅，还卖起了咖啡杯、文创袋等周边产品。"喝一杯咖啡，写一封信给爱的人。"邮政抓住了最新的流量密码，就连宣传语都主要面向年轻人。一夜之间，原本不起眼的小邮局摇身一变成为"网红打卡地"。真是应了那句话："这个时代，你永远都不知道下一个对手是谁。"

三、"书店+餐馆",书香与美食的整合策划是关键

很多实体书店近年来在探索"书店+餐馆"的新形态,比如四川新华文轩 BOOKS 九方购物中心店的成都印象"知食",就是文轩 BOOKS 与本土知名餐饮企业"成都印象"联合打造的成都第一个文化主题餐厅,为读者提供阅读便利。青岛城市传媒股份有限公司创办的全国首家美食书店 BC MIX,也是"书店+餐馆"形态。

2017 年,笔者策划青岛栈桥书店项目,将书店的负一层设计为"青岛美食生活馆",也就是专业餐厅,将书架与餐桌相结合并提供 3 个不同风格的包间。美食生活馆中的图书以时尚生活图书为主,餐饮则以青岛当地餐饮菜品为主。书店聘请四星级酒店的厨师团队主掌后厨,服务员则由书店营业员担任。笔者提出"中餐西做"理念,保持书店书香气质以及菜品卖相和味道的精美。笔者策划的东北三省首家 24 小时书店——沈阳市歌德书店,由一位留洋主厨带领的后厨团队提供纯正的西餐,以标准的西餐厅模式运营。由于这是 24 小时书店,因此设计的菜品需满足不同读者白天和深夜的美食需求。黑龙江省牡丹江市的

栈桥书店负一层

牡丹江书城则聘请了专业厨师为读者提供正宗的俄罗斯美食，别有风味。2014年，笔者在策划哈尔滨市果戈里书店时第一次大胆地将西餐馆模式引进书店，并且打造了果戈里书店西餐品牌，该西餐馆于2015年被中国饭店协会评为中国西餐名店。

笔者策划的这些"书店+餐馆"形态书店有一个共同的特点，就是餐馆部分全部是书店自营。具体操作模式是：后厨由书店聘请的专业团队运营，前台服务员由书店员工兼任。对规模大的书店，则主张聘请有餐厅经营经验的人来管理与培训团队。另外，为确保食材的品质，采购食材的工作应由书店的采购专员负责。

这种"书店+餐馆"形态的呈现与运营，有以下3个注意事项：

1. 餐馆部分以书店自营模式为最佳。

餐馆部分以书店自营模式为最佳，既能确保餐饮的品质，又便于餐馆与书店的融合和整合营销。如果是上万平方米的大型书店，则可引进优秀品牌餐厅，独立经营。

2. 须保持书香氛围。

在"书店+餐馆"的形态中，无论是独立空间的餐馆还是书店与餐馆融合的布局，在设计和陈设上，必须保持书店的书香气息，因为主体是书店而不是餐馆。具体说，书店内餐馆或用餐区域的设计应与书店风格统一，在设计上要将"餐馆"看作书店提供的一个功能。同时，这个区域内的图书必须是精选的供美食爱好者阅读的优质图书，不能只是装饰品。这与一些咖啡馆、书吧、餐馆想增加书香气息随便找一些图书作装饰完全不同。

3. 以西餐轻食为主最理想。

因为书店环境的特定性，笔者主张以西餐和轻食为主，像某些具有地方特色的中餐，则应采用"中餐西做"模式。如果大型书城引进独立品牌餐厅并提供独立封闭空间，那就可以用传统方式来做。

四、"书店+地产"，以内容文化和细分读者市场为策划准则

"书店+地产"形态与"地产+书店"形态是不同的概念，主体不一样。"地产+书店"形态以地产为主体，即地产商将引进书店作为业态之一，有的在楼盘内引进书店，有的在购物中心引进书店，目的是提升消费者的购物体验和增强文化氛围，并通过举行多种文化活动拉升客流，以提升商业地产的投资价值。进入各大商场的西西弗、言几又、猫的天空之城、钟书阁等就是典型例子。"书店+地产"形态则是以书店为主体，典型案例是诚品书店。诚品书店经历了从传统书店到横跨地产、餐饮、文化、家居、购物等业态的蜕变。深圳书城的模式也是如此。经过20多年的耕耘，深圳书城逐渐走出了一条"大书城模式"的实体书店发展之路，并由此向"书店+地产"形态转变。2018年7月开业的深圳书城龙岗城，总建筑面积约为3.5万平方米，对外招商面积达5386.79平方米，打造了深圳东部大型的文化生活综合体验空间，为市民提供了"一站式"的文化生活休闲服务。

由青岛城市传媒股份有限公司投资开发的城市传媒广场文化MALL，

是青岛市规模最大、业态最全、体验感最强的地标性城市文化综合体，总建筑面积约为80000平方米，由地下2层和地上6层组成。项目秉持"文化为魂·商业为脉·体验为主"的商业理念，以"新华书店传媒书城"为核心主力门店，构建独有的文化创意产业，串联起商业中心的每层消费空间，将"文化·潮流·生活"渗透到时尚、餐饮、娱乐、休闲、等众多业态之中，为消费者提供充满人文艺术气息的购物体验。

新形态的"书店+地产"是经过精心策划的以文化为核心的文化消费体验空间形态，也就是说，书店所招商或出租的空间必须在此准则上去选择商户，如茑屋书店以"生活提案"为出发点的整体布局与其他商业的引进。同时，"书店+地产"必须以书店为中心，应围绕书店特点以及顾客群的精准市场来策划地产项目。

2008年，江苏凤凰传媒集团首次提出了文化消费综合体的概念，并将其逐步完善为"文化MALL"战略，以打造"一站式文化消费综合体"为核心发展理念，目前在江苏市场共布局9个项目，规划项目总体面积约490000平方米，总投资约为45亿元，其中苏州、南通、镇江、阜宁、盱眙、泰兴地区的凤凰广场已开门迎客。这也是业界比较成功的案例。

最后，笔者想强调两点：其一，"书店+地产"与"地产+书店"不是同一个概念，前者主体为"书店"，后者主体为"地产"。其二，"书店+地产"形态中的"+地产"运营，关键在于以书店的内容文化为核心准则作出商业选择，围绕书店特点以及顾客群的精准市场作出项目策划。

五、"书店 + 办公空间",打造读者的"第三空间"

星巴克创始人霍华德·舒尔茨认为咖啡馆应该是工作和家庭之外的"第三空间",是承载了情感的社交场所。白领们在星巴克点了咖啡,坐下之后或是敲击键盘,或是三三两两地讨论业务。在这个空间里,人们与其说是在喝咖啡,倒不如说是在体验一种"商务范"。"第三空间"指家与办公室之外的"非正式公共聚集场所"。它提供了随时、灵活、私享、自由的办公地点,解决了单人与多人的灵活办公需求。2021年11月,星巴克中国宣布,中国内地首家星巴克共享空间概念店在上海来福士广场办公楼开业,可满足移动办公、小组协作、商务会谈以及多人会议等需求。2022年1月,星巴克正式推出了"第三空间"新物种——"1971客厅"。顾客可以体验"咖啡有个局"和"客厅开个会"两种服务。前者面向三五好友的小聚,后者则面向商务会议或社群聚会。

泰国曼谷有一个叫"Open House"的商业空间群落,是一个集书店、商铺、餐厅等为一体的复合空间,拥有4600平方米的双层休闲空间,里面餐厅、休闲室、酒吧、画廊、商店、快闪店、图书室和工作坊一应俱全。这是一个人人都能感到舒适、自在与轻松,乐于久留并获得灵感的空间。人们可以在这里闲逛、游乐、吃喝或者伏案工作。书店的一端是高大的书架,另一端则是一面巨大的双层高书墙。书店、酒吧及餐厅空间天衣无缝地融为一体。"Open House"还包括一个名为"温室"的联合办公空间,它位于书墙的后方,能为读者提供更为安静和隐蔽的工作空间。读者从任意一间餐厅预订的食物和饮料,皆可被直接送往工作台。从严格意义上讲,这是一家"书店 + 餐厅 + 办公空间"的新形态商业空间。

笔者近几年一直在思考"书店+办公空间"形态，认为书店的空间与氛围更适合移动办公，给人在家中书房办公的感觉。比如，在沈阳歌德书店，笔者将书店设计成欧洲图书馆的感觉，巧妙地设计了一个半开放书屋和4个独立的阅读与办公空间，这其中就体现了移动办公的思路。

创建"书店+办公空间"新形态书店有以下3个指标：

其一，书店与办公空间的融合设计。在设计上要动静结合，提供公共阅读空间和相对独立的联合办公空间，包括根据办公空间要求设计的个体办公区、接待室以及封闭式的小型会议室。这种设计要细到插座位置以及桌椅舒适度。

其二，以"书店+办公空间"形态来设计全新的运营模式和营销方式，如免费或是收工位租金的收费模式、阅读卡与办公工位卡相结合的营销模式等。

其三，以"书店+办公空间"形态来设计全新服务，尤其是围绕"移动办公"，比如提供电脑、无线网络、复印、快递、餐饮等服务。同时，还包括根据不同办公需求为用户定制和订阅相关图书的服务。

六、"书店+超市"，现代的调性与文化生活方式的追求

2016年5月19日，日本茑屋书店枚方T-SITE店开业。书店地下一层是约2000平方米的生鲜超市，有寿司、烤鸡、肉串和多种生鲜蔬果。

最吸引笔者的是超市里的一面咖喱墙，那陈列让人猛地一看以为是图书，还像图书排行榜一样，标示人气排行前10名的咖喱调理包。书店的4层是为女性提供舒适生活的生活与美容区域，这里以"生活的道具、日本的工艺""放松、健康、美容"为主题进行分类。消费者在这里总能遇见超乎期待的美好事物。在这家书店，图书和百货实现了完美结合。对大多数人来说，这里应该是最贴近人生的地方。茑屋书店枚方T-SITE店共邀请了40个品牌进驻，并把图书和相关的货品放一起，如在卖食谱的区域附近放置一些与书店的格调相一致的食材。消费者绝对不会觉得突兀。这里单是关于料理的书就有8000册之多。这是典型的"书店＋超市"的新形态书店。

2021年，言几又深陷"关店潮"，但其近年来在实体书店运营上的探索还是值得学习的。言几又成都IFS店集合了创意书店、餐饮、美发、照相馆、陶艺、花艺、木工、超市等，从一家书店升级成生活美学的"商业街"。言几又董事长但捷说道："我们也探索思考了言几又未来的路——在图书的基础上，从阅读延伸到其他生活消费需求。"

一些书店多年来也一直尝试在书店内做超市。笔者曾在一家大型书城看到一个面积较大的超市，但十分传统。笔者所说的传统，是指那种一排排货架式的超市，所售产品就是烟酒、食品等日用品，和书店相当不协调，消费者也不多。一些书店内的文具超市、体育用品超市、儿童用品超市也是如此，档次比较低。

这让笔者想到另外一个比较有借鉴意义的案例——"无印良品＋书店"的形态。虽说图书只是一小部分，但在年轻人眼中，无印良品

MUJI BOOKS 是有腔调的文艺气息十足的书店，MUJI BOOKS 在策划阶段就特别关注书与顾客、书与店内商品以及书与工作人员之间的关系，会处处暗示你"如何文艺且小清新地过日子""简单而高质量地生活"。无印良品通过主题性的混搭方式来安排书架，11 个主题分别是"饭与书""家与书""绿色与书""杂货与书""睡眠与书""工具与书""房间与书""旅行与书""孩子与书""气味与书""身体与书"。书被分门别类地放在不同的区域。也就是说，消费者在服装区可以看到关于穿搭、时尚的书，在食品区可以看到关于烘焙、营养的书。这个案例提示我们，做"书店+超市"形态的策划首先必须注意到书与顾客、书与店内商品的关系，以及"书+超市"形态书店的格调。

做"书店+超市"形态书店的策划，要考虑以下两点：

其一，"书店+超市"新形态书店在于"新"字，尤其是超市，不能是传统的一排排货架式的日用品超市。

其二，"书店+超市"新形态书店的策划关键在于"格调"，要体现现代的调性与文化生活方式的追求。这是成功的基础。

七、"书店+电影院"，电影版权和专业性是关键

2017 年 9 月 29 日，国家新闻出版广电总局发布了《新闻出版广播影视"十三五"发展规划》，指出"加快实体书店服务升级，鼓励实体书店和影院融合发展，倡导建设一批以阅读为主题的商业中心，创新商业模式和经营业态，推动一批优秀实体书店成为城市精神地标和

最美书店"。其中提到鼓励实体书店和影院融合发展,"书店+电影院"的新形态书店就是这种融合发展的主要表现形式之一。

2009年,四川新华文轩BOOKS与四川太平洋院线合作,以"出租场地+保底提成"的方式引入影院项目,将成都购书中心打造成与影院联合的书城。2012年,上海新华书店静安店也进行尝试,在4层引进电影院,39个小包厢内的所有放映设备都能满足标准电影的放映要求。他们向片商购买了影片的播放权,当时片库拥有3000多部影片,每周还更新10部,每天都能吸引大批读者与影迷。很多读者看完电影后便开始逛书店,或是看电影前在书店阅读。随后,云南昆明东川书城开办了东川影城,山东东营新华书店与山东鲁信集团合作开办了新华鲁信影城,都采取了联合经营或自主经营的方式。2014年,山西新华书店集团与保利影业签订院线合作项目,计划5年内在山西全省的新华书店内建立28家电影院。2014年6月初,山西省第一家"书店+电影院"新形态书店——汾阳新华书店开始营业,成为当时业界的大新闻。

新华书店系统中"书店+电影院"形态比较成熟的是江西新华发行集团有限公司,与北京网尚视听有限公司在江西合作建设了自助式包厢影院。项目启动后,南昌市胜利路新华书店的20多个影院包厢经常爆满。之后,江西新华发行集团又打造了一站式文化消费综合体——"红谷滩文化综合体",创建了江西省档次最高的超五星级影院——"新华银兴国际影城"。影城邀请在国际上屡获殊荣的知名设计师操刀设计,展现了浓厚的电影和时尚氛围。该影城面积约为8000平方米,设置了9个国际标准放映厅和1800个顶级航空座席,运用了杜比全景声等技术,是国内一流的电影院。

"书店+电影院"是一种很好的形态,因为目标群体是高度一致的,无论是"电影院+书店"形态,还是"书店+电影院"形态,抑或是"剧院+书店"形态。笔者印象最深的是北京人民艺术剧院大堂左侧的"戏剧书店"。笔者每次看完话剧后,都要到这个专业的书店淘书。很多话剧迷也和笔者一样。所以,将书店与影院或剧院融合是一个比较好的模式。读者在书店内停留的时间更长,书店更有黏性。

当然,还有另一种书店与电影的融合方式,就是不选用专业的电影院或电影包间,而是利用书店自有空间来播放电影,以满足读者需求。笔者策划的沈阳24小时书店歌德书店每天零点会在书店的专业艺文展演空间播放一场电影,吸引很多读者在书店阅读及看电影。看完电影后,读者购买书店提供的夜宵,继续看书。现在这种在书店内小规模播放电影,影迷就电影与图书内容进行研讨的活动,也成为很多独立书店开展的一项文化活动。

"书店+电影院"形态的运营有4个关键点:

其一,专业人才很关键。书店要培养一批热爱电影、深入了解电影文化、对电影内容熟悉的专业"影迷",让他们成为选片以及推介方面的专家。如果书店内有专业影院,专业技术人员就更重要。

其二,要善于将图书与影片结合起来营销。每个主题电影都要有与之相关的图书,让读者在欣赏电影之余能享受到延伸的内容服务。比如,书店可以举办一些影评会,电影图书研讨会,编剧、导演、演员与读者见面会等活动,让读者与图书、电影的互动成为一种常态,这样才能体现书店特有的优势。

其三，要根据地理位置、周边消费群体等综合因素进行"书店＋电影院"形态书店的策划。

其四，电影版权是关键问题。纯"书店＋电影院"式最好与专业影业公司进行合作，确保片源及版权。在书店播放电影，一般只能以会员欣赏和影评会方式播放。书店播放电影时，可以不追求影片的分辨率、音响效果和营利空间，但要播放正版电影，给读者带来好的观影体验。

八、"书店＋美术馆"，艺术风格与人员素养是成功要素

笔者每次在国外参观美术馆或博物馆时，总会抽出时间在馆内的书店中淘书，这已经成为习惯。笔者一直希望国内的书店和美术馆的融合能更紧密一些，或美术馆中的书店能更专业一些。位于意大利米兰科莫街 10 号的书店就是一家书店与美术馆混合的空间。从画廊到书店，从时尚设计到餐厅、咖啡馆，它是文化和商业的结合地。这家书店与艺廊为邻，游客能在里面找到来自世界各地的最新的和最经典的书刊，也能找到关于艺术、建筑、设计、绘画和时尚的丰富的收藏。有人将这家书店誉为"像杂志一样的店"，时尚界习惯把这家店比作"一本编辑手法新颖流畅的时尚杂志"。

诚品书店的"诚品画廊"是诚品书店创始人吴清友先生在 1989 年

创办的，他在书店里设置了很大的画廊区，为读者营造人文氛围。诚品画廊以专业画廊方式运营，现在已经成为亚洲品牌知名度最高的画廊之一。

上海首家茑屋书店以"美育"为理念，用博物馆般的场景设计赋予阅读仪式感。茑屋书店虽然没有被直接命名为艺术书店，但是在运营过程中，艺术成为最大的亮点。开业一年中，茑屋书店陆续举办了16个展览，其中二楼画廊的"Art Circle"系列艺术展览，与上海本地美术馆、画廊及国际画廊合作，在书店里呈现了国内外中青年艺术家的当代艺术创作。

北京的今日美术馆"艺术书店"虽说是"美术馆+书店"的形态，但在我们眼中更是"书店+美术馆"形态，因为艺术书店已经是一个实实在在运营的专业书店，而不是美术馆的一个艺术小卖部。

值得关注的是，在定位上真正标明"书店+美术馆"形态的书店是新华书店"光的空间店"，这是上海新华发行集团旗下第一家融合书店与美术馆两种形态的升级版新华书店。新华书店"光的空间店"由面积为1620平方米的新华书店与1980平方米的明珠美术馆组成，整体建筑则由当今非常活跃、非常有影响力的世界建筑大师之一——安藤忠雄先生操刀设计。安藤忠雄先生说："一般的书店就是卖书，一般的美术馆是展示一些书画、文字以及影像，其实这两者都促进民众对于自己世界的探索，它们是有共通性的。将美术馆和书店结合，这样的空间是独一无二的。在'光的空间店'楼下，市民可以正常地进行生活购物，到了'光的空间店'，可以在购物后进行思考。反之，人们同样也可以在思考之后再回到现实生活中愉快地购物。"

笔者对"书店＋美术馆"的新形态书店运营有以下3条建议：

其一，"书店＋美术馆"形态书店的空间布局很重要。如果是社科书店或综合性书店，面积一般要大，便于保持书店与美术馆空间的独立性与互动性。如果是艺术类书店，就可以将艺术图书与美术展览空间有机结合。

其二，设计"书店＋美术馆"形态书店要讲求艺术性。这一点和设计一般的书店有区别。不论是传统，还是时尚前卫，美术馆的艺术风格都要与书店风格相统一。

其三，"书店＋美术馆"形态书店营业员的艺术素养是关键。因为消费者是从整体来观察和考量"书店＋美术馆"形态书店，所以"书店＋美术馆"形态书店的关键是与读者有直接接触的营业员。营业员除具备基本业务素养外，还要有较高的艺术素养。这成为这种"新形态书店"的整体要素之一。

九、"书店＋酒店"，创建爱书人的最佳"行宫"

说到书店与住宿，大家自然会想起法国的莎士比亚书店。时至今日，莎士比亚书店的阁楼每日仍会收留前来借宿的人，他们多是渴望成为作家，但仍未出版过作品的梦想家，书店主人称他们为"风滚草"。每个来此借宿的"风滚草"都要按要求做3件事：每天读一本书、写一页自传、帮工几个小时。从 1964 年至今,来此借宿过的"风滚草"已经达到 3 万人。说实话,能在莎士比亚书店借宿、读书、写自传、帮工,是笔者一生中最大的愿望。

笔者所指的"书店+酒店"新形态书店的基本概念是"可住的书店"形态,高级概念是"书店+专业酒店"形态。近几年,国内有不少的书店在积极尝试,尤其是独立书店。笔者策划并设计的青岛栈桥书店,原本策划的是"书店+酒店+餐厅"形态的书店,在书店内共设计了 10 间客房,并配备了沐浴等相关服务。只可惜,住宿的内容没有得到青岛市相关管理部门的批准,因为酒店住宿毕竟是个专业服务领域,像青岛这样的旅游城市,管理更严格。

在日本东京池袋有一家名为"东京书与床"的店。它是结合了书籍与睡床的主题旅舍。主人将大型书架作为主要装潢,安排旅客住进用木质书架隔开的小房,还附设阅读灯、插座、免费无线网络等。这里至少有 1900 本藏书,住客可以选择喜欢的书,坐在旅馆大厅的沙发上或躺在小房里阅读。这种新颖的模式吸引了许多"书虫"前来体验,也有不少外国游客慕名而来。现在,日本已经开了 4 家这样的店。更确切地说,这是以"图书"为主题或者说以"可住宿书店"为概念的主题旅馆。在这种胶囊式旅馆,顾客如果挺直身子向外张望,就可以看到隔壁的床,隐私性略有不足。据介绍,顾客中 20 到 30 岁的年轻人占到 90%。有意思的是,除了受到世界各地的游客追捧,"东京书与床"还成了一个"人气品牌"。2016 年,他们与 NOWHAW 联手推出了一个睡衣系列,本来是为留宿的读者准备的,结果开卖后仅仅 15 分钟就宣告售罄。面对读者的呼声,他们不得不再次加售,笔者认为这对这种形态书店的经营者启发比较大。

在国内，这种形态的书店也受年轻人的欢迎，它们打出一个口号："嫌酒店太贵，嫌青旅太吵，也许你可以选择到书店去过一夜！"苏州有个"慢书房"书店，坐落在一个小巷里，包括一个书店和4间客房。它被称为"可以住的书店，可以阅读的旅馆"，受到很多旅游者的热捧。广西桂林的"纸的时代书店"是个标准的"书店＋酒店"形态书店。店主先将2、3层租下做书店，后来又将4楼租下做宾馆。书店有三四十间客房，每间客房都摆着一个大书架，读者可以静心阅读，遇到喜欢的书，可以在离店时购买。有意思的是，在夜里，房客可以拿着房卡，打开二、三楼书店经营场地的门，在灯光下自由自在地选书、阅读，也可以将喜欢的书带回房间阅读。四楼还专门留了个房间，供房客夜读或交流。还有一种比较简单的模式，就是一些"留宿的书店"里一般提供沙发与帐篷，供有住宿需求的读者使用。

笔者对创建"书店＋酒店"新形态书店有4个建议：

其一，酒店业务的专业性较强，基础设施、服务、安全等都与经营书店不同，所以创建"书店＋酒店"新形态书店要有这方面的专业准备。如果仅设计帐篷式的"可留宿的书店"，就要注意安全和管理问题。

其二，有住就有吃，"书店＋酒店"新形态书店需要提供全方位配套服务，比如供餐、寄存行李、城市导游辅助服务等。

其三，分人群来策划"书店＋酒店"新形态书店，如针对年轻人的、针对中老年人的、针对商务人士的。

其四,"书店+酒店"新形态书店最好和"24小时书店"模式相结合。

十、"书店+服装店",管理和营销人才是重中之重

走进巴黎的"Sonia Rykiel"旗舰店,扑面而来的是从地板直抵天花板的装满书籍的书架,服装则穿插陈列其中,但已经不是展示的唯一主体,铺天盖地的书籍更加抢眼。镜面墙将书架区和精品区分割开来,猩红色的墙面和"Sonia Rykiel"式的俏皮印花地毯作为精品书籍、品牌手袋、配饰的展示背景,让服装销售和文化气息达到一定的平衡。顶部的透明玻璃天窗引入自然光,有效中和了大红色的刺目感,赋予空间一种令人惊讶的亲密感。这是一家最为特殊的品牌服装零售店,由国际大师设计,是零售空间的经典之作。

笔者对国内书店内的服装生意印象最深的莫过于方所了。大家都知道,方所的老板毛继鸿就是"例外"服饰的创始人兼设计师,所以方所内经营"例外"服装是顺理成章的。方所虽然集书店、美学生活、咖啡、展览空间与服饰时尚等于一体,但是经营服装是其主要的利润来源。从形态而言,方所应属于"书店+服装店"。

2017年,方所成都店的一场"例外"20周年经典服装发布的秀场受到了读者和媒体的关注。在书店中的T台上,模特所展示的服装囊括了"例外"20年经典系列、"一品荷花"系列及夏季新款等,而读者们也从不同形式、不同维度来见证和感受20年来"例外"服饰与时

代的深入互动。现场除了有受邀的时尚业人士、服装设计师等，还有很多读者。他们把方所围得水泄不通。方所创始人毛继鸿说："服装不只是形式上的设计，更是人文心灵层次的探求。"方所书店有一个U型台。它的功能是多样的，开幕时可以作为朗诵诗的舞台，平时读者可以坐在上面看书，服装发布时则成为"T台"。"书店+服装店"形态的典型案例还属茑屋书店。茑屋书店的经营哲学之一是"不只是一个书店，更是一个生活方式提案场所"。在这样的经营思路下，服装经营是不可少的。茑屋书店枚方店4楼为女性主题的服饰和生活类用品区，销售女性服装及时尚生活用品。5层是儿童区，有童装、鞋帽等商品。茑屋书店湘南店也经营服装。

"书店+服装店"形态的书店不多。一些新华书店将门面出租给服装店，但那只是出租，而不是"书店+"。服装店的经营很专业，和书业的资源也离得较远。如果是大型"文化Mall"，一般就是租给服装品牌店经营，做得好的也不多。

究竟能不能创建"书店+服装店"形态的书店呢？笔者认为能，但要抓住以下3个要点：

其一，可以学习茑屋书店"生活方式提案"的经营思路来策划"书店+服装店"形态书店，但所引进或经营的必须是代表当代生活潮流的品牌和时尚、有格调的服装，千万不能像传统百货店那样经营低档服装。

其二，在书店布局上一定要将书店与服装两种业态有机结合，服装店可以是独立空间，但要和书店作为整体来布局，最好是针对目标人群来分布。比如，针对女性，可以在女性、时尚生活图书区域进行空间分割。针对儿童，可以在儿童图书区留出空间经营儿童服装。当然，如果书店有能力经营服装，那完全可以与相关类别图书混搭陈列。

其三，管理和营销人才是第一位。

十一、"书店+家电店"，给顾客一个消费的理由

说到"书店+家电店"，大家会不约而同地想到茑屋书店在东京的"二子玉川茑屋家电"，这是世界首家"生活提案型"家电店。一个朋友对笔者说："我本来想在茑屋家电买一个电吹风的，结果，逛了整整一天，出来时，不仅推着最新潮的自行车，戴着最新的索尼耳机，提着时尚款的烤面包机，还在店里订了一台洗衣机。当然，包里多了两本书……"其实，不夸张地说，这不是普通的家电店，更不是普通的书店。这是一家标准的"书店+家电店"新形态书店。这家店共有两层商场，以图书为主进行空间规划，而家电随着书本主题分类，如把旅游书籍和相机、收纳书籍和吸尘器等一起陈列，让人有更具体的生活感受和体验。在这里，买家电被包装为"买生活方式"。举个例子，在音像制品销售区域，如音响器材、耳机、收音机、唱机区域，摆有大面积的光盘和黑胶唱片，消费者可以购买、租借，也可以欣赏。如果消费者想购买音响器材，那么营业员会主动服务并推荐适合消费者家庭环境以及消费水平的音响器材，耐心介绍其使用知识，协助挑选相关的光盘或黑胶唱片，最后还可能会推荐一款器材架子。说实话，这是在普通的家电店无法享受到的。"茑屋家电"的营业员所拥有的

专业知识十分全面，是很棒的家电消费顾问。在这里，消费者所思考的"买什么比较好""与生活相搭配的物件有什么"等问题都有答案。所以笔者常说，卖给消费者的并不是产品本身，而是消费者买这个产品的理由。笔者也常对实体书店的同仁说："给读者一个来你书店的理由。"

我们学习"茑屋家电"这样的"书店+家电店"新形态书店，要掌握以下4个要点：

其一，以"生活提案"思路为主导进行策划是"书店+家电店"的灵魂。"书店+家电店"不是简单的"图书+家电"组合业态，更不是出租店面。只有在这样的思路下，我们才能将图书与家电有机地混合销售经营，让书店不只是书店，让家电不只是家电。我们要提供完整的生活体验，并且让消费者将书店作为消费家电的重要选择。

其二，懂得"现代生活方式提案"的核心是精神需求大于物质需求的现代生活方式。因此，家电品类一定不能选用普通电器店里的"大路货"。假设电视机有50种，在"书店+家电店"新形态书店中，应根据城市消费者审美和功能需求去选择，最后也许只选择5种，但一定是消费者一看就会爱上的那5种。家电选品的标准要比图书选品高。

其三，员工既要懂图书又要有专业的家电知识和丰富的经验，职业素质要远远超过普通书店的员工。

其四，要有专业的售后服务。这一点太重要了。早年有书店销售

DVD机，但由于缺少售后服务被不断投诉。经营各类家电需要提供专业的售后服务，这是"书店+家电店"的必备业务。

十二、"书店+旅游产品店"，策划力、创意力和专业精神一个不能少

在笔者所策划与设计的26家书店中，有多家属于典型的旅游城市书店。笔者在2015年策划中国第一家红色书店——井冈山市"红色书店"时，就开始尝试

研究书店与红色文化旅游产品的深入结合，因为"红色书店"位于井冈山茨坪风景区，受众为接受红色文化教育的游客，所以笔者在策划

书店商业模式时，将红色文化图书和针对游客的红色文化旅游产品作为主要特色。笔者策划的红色旅游文化产品有 3 类：一是当地的特产，在优选精品的基础上加上"红色书店"的包装；二是红色文化产品，由江西新华发行集团协助从景德镇采购具有红色文化元素的瓷器等；三是红色文化旅游文创产品，在江西出版集团相关部门的支持下定制了带有红色文化元素的手机壳、电子产品、帆布阅读袋等。同时，我们自己设计了带有红色文化元素的文创手账。许多旅游者在书店阅读，并且购买大量的书店旅游产品，效果很好。

2018 年，笔者在策划延安中国红色书店时，设计了印有"中国红色书店"LOGO 的特制包装袋，还将精选的延安小米、狗头枣、红小豆等特产进行包装销售。同时，在书店内设有一间红色文化旅游产品商店，采购和销售文化旅游产品，如安塞腰鼓、黄酒等。书店自己也策划了自有品牌的文创产品等，4 月 23 日书店开业的当天，几百包"中国红色书店"小米就被游客一抢而空，成为业界佳话。青岛栈桥书店就是比较典型的"书店 + 旅游产品店"形态。栈桥书店在青岛著名景点"栈桥"边上，因而定位是"中国首家国际文化背包客旅游主题书店"。青岛新华书店派专人负责与当地多位旅游文创产品设计师对接，引进和打造有青岛地域文化特色的产品。现在，仅旅游产品销售额就占书店销售额 30% 左右。

现在，很多新华发行集团重视旅游产品的开发。比如，云南新华书店集团就专门成立了生产旅游文化产品的公司，引进及开发云南旅游文化产品，通过订货会的形式向全国新华书店推荐。

笔者对创建"书店+旅游产品店"有4个建议：

其一，书店要具有专业的旅游产品策划能力，包括"书店+旅游产品店"运营策划能力以及旅游产品的策划能力。

其二，书店要有丰富的区域文化和专业的旅游文化知识，选择和研发的产品要有个性且适合书店销售。

其三，书店要有创意，旅游产品策划的实质是文化创意，需要用工匠精神和专业知识去深入研究、反复揣摩。

其四，书店要有品牌意识，打造属于书店自己品牌的旅游产品。

十三、"书店+文创店"，构建集创意、生产、体验、销售于一体的平台

文创产品是当下实体书店最热门的话题之一，几乎逢店必提文创。据说，几年前，某家著名民营书店在难以为继时勇于开辟文创产品并成功自救，一时被传为佳话。现在，就连县级新华书店也开始将文创产品作为重要业态去经营。

文创产品是指依靠创意人的智慧、技术、天赋和文化积淀，借助现代科技手段对文化资源、文化用品进行创造与提升，对知识产权进行开发和运用，从而产出的高附加值产品。说简单点，文创产品就是创意价值的产品化。各种艺术品、文化旅游纪念品、办公用品、家居

日用品等都可能成为文创产品。一个创意让一件产品拥有超出用户期待的文化艺术价值、智慧创意价值，使大众心甘情愿地接受并产生购买行为，这便是文创产品通行天下的理由。

在这方面，上海走在了前列。2021年11月，上海市书刊发行行业协会发布了《上海图书销售行业文创市场现状及发展前景研究调研报告》。相关数据显示，过去一年沪上书店文创销售额累计约为2亿元；文创产品陈列面积、销售额均占书店的20%~30%。相较于以往引进其他品牌的文创产品，如今越来越多书店开始自主设计、生产文创产品，并建立文创产品孵化平台，如上海新华发行集团的"n次方"等。"n次方"创造性地将孵化空间与商业中心紧密结合，在大型购物中心内打通文创产品从研发到销售的产业链条，既让设计师有空间实现产品设计、研发、改良，又能使成品直接面对客户，在市场试水，得到第一手反馈信息，帮助年轻设计师和艺术家在更多渠道传播品牌。2020年，"n次方"的文创产品销量为3643件，销售额超73万元。2021年1月至10月，产品销量为1885件，销售额超42万元。

笔者对"书店＋文创店"新形态书店的运营提出下面3点建议：

其一，从销售文创产品开始，逐渐构建集文创创意、生产、体验、销售于一体的平台。

其二，拒绝同质化，根据书店所处城市的时尚生活调性，植入本地文化，打造个性的自有文创品牌，并将产品系列化，使其具备独特的产品造型与形式。

其三，文创产品要有情怀、重设计、重品质，要懂得美学及陈列的艺术，营造有时尚艺术趣味的空间。

十四、"书店+剧本杀"，必须符合"剧本杀"专业运营与管理要求

2021年，中国剧本杀行业市场规模达170多亿元，剧本杀已经不是小众群体的爱好，发展速度很快。2021年，全国线下剧本杀门店超过4万家。剧本杀同样得到很多实体书店的关注，一些书店思考和尝试"书店+剧本杀"的运营模式。

目前来看，实体书店引入剧本杀的成功案例不多，还处于尝试阶段，一些书店只是把剧本杀当作普通的书店活动去做，场景与服务都不专业，与剧本杀为玩家提供非日常的游戏娱乐空间和沉浸式体验的要求相差甚远。也有书店简单出租专有空间给剧本杀或是密室逃脱项目的公司，但那只是收租金，与书店模式无关。

实体书店能否涉足中国剧本杀百亿市场，能否创建真正的"书店+剧本杀"模式呢？笔者认为有可行性，在运营方面有以下两点建议：

1. "书店+剧本杀"模式中的剧本杀经营必须高度专业。
书店若要经营剧本杀，则剧本杀场景与空间、运营管理人员、剧本杀游戏的运营规则（包括运营时间）、剧本杀营销水平等都必须高度专业。如果不专业，玩家是不会到书店进行剧本杀消费的。书店的阅读环境和剧本杀的营运环境是有很大区别的。书店运营剧本杀有两

种模式：一是培养专业的剧本杀运营团队，二是与专业的剧本杀馆合作联营。在空间上，必须有符合剧本杀特点的空间布局以及与书店有合有分的通道，如多间各类型的剧本杀专用房间以及书店正常营业结束后剧本杀继续经营的专用通道等。

2. 以图书内容传播为优势创新剧本杀营销方式。

笔者认为，剧本杀首先是内容产业，而后才是娱乐呈现。剧本是剧本杀的核心。现在，剧本杀的剧本创作题材、内容越来越丰富。就书店而言，依靠出版背景与内容传播平台，可以做两件事：

其一，在专业的基础上，主动涉足剧本杀的内容创作。书店可以和出版社及剧本创作机构合作，创作专属于书店的剧本。比如，可以对优秀小说、历史故事、科幻类图书等进行改编。有些实体书店创作红色主题剧本，同样得到玩家好评。另外，实体书店将童话和名著改编成少儿剧本也是比较好的尝试。

其二，从营销视角去思考，除专业的剧本杀经营外，书店可以用剧本杀的形式去营销图书。现在，大量的剧本杀剧本越来越烧脑，知识体系跨度也越来越大，玩家没有丰富的知识量是玩不了的，这也是玩家的痛点。所以，书店可以精选与各类剧本内容相关的图书，以店内活动的方式为玩家提供知识延伸服务，比如讲座、沙龙等。对于很多高质量玩家来说，这是一种高黏性的文化营销方式，是普通的剧本杀店无法实现的事。

总结下来，"书店 + 剧本杀"模式中的剧本杀业务要做得专业。

第15讲

书店与教育研学产业及文旅产业融合与操盘

近年来，研学旅行成为实体书店在多元拓展方面的重要发力方向之一。综合来看，一方面是因为政策利好；另一方面是因为研学与学校有关，把学生作为重要客群的新华书店拥有天然优势。很多省级新华书店将研学旅行作为多元拓展的重要战略。例如：广东新华发行集团注重打造研学品牌，2022年会继续发力，通过研学内容开发、营地建设、"惠研学"信息服务平台打造研学生态链。湖南新华书店集团创建"湖南新华启承文化旅游有限公司"并布局全省各级新华书店，以资源优势打造自有研学基地。四川新华文轩出版传媒稳步推进研学基地、营地的建设。山东、湖北、云南等新华发行集团都是以省为单位构建研学平台。一些地方书城，如青岛书城研学已经实现常态化，立足青岛研学，不断拓展外省研学项目。同样，很多民营书店也积极探索研学运营模式，如乌海"竞人书店"长年策划和实施中小学研学旅行项目，其"漠域驼盐古道""小骏马草原研学营"已经成为品牌甚至注册了专有商标。

笔者近几年来也涉足策划书店的研学项目，曾为黑龙江新华书店集团策划研学项目"绿色北大荒，中国金饭碗""绥芬河百年口岸研学城"，以及系列研学项目"阅读研学，从书店出发"，还策划了"中国青少年十万个创意梦想"研学活动，为青少年创新教育搭建服务平台，激发全社会的创新意识和创造活力。

实体书店在教育研学领域有3个基本模式：一是以发行集团或是出版集团为背景的"研学基地建设"，比如甘肃、湖南、山东的出版集团或书店基地；二是以图书内容为策划点的实体书店店内研学；三是实体书店走出店外及省外的各种研学项目。

2019年7月，笔者在中国研学实践教育研讨会上曾作《出版业研学旅行的顶层设计与策划》演讲。笔者认为出版业研学成功的核心在于顶层设计，提出了出版业研学开发的 6 个思路：

1. 以内容产业资源优势占领研学市场。

笔者提出一个重要观点："每一本书都是一场研学旅行教育，每位作者都是心灵旅行的引路人。"每一本或是一类图书的内容都可以策划成大小不一的教育研学内容，其作者最好都是研学活动的教练和领队。笔者曾策划过国内和国外旅游研学项目，以图书内容为主题，作者为随队老师。例如：假期带孩子去国外研学，将美术馆和博物馆设计为旅游主题，可以带着一本相关的书，由作者或美术馆、博物馆的讲解员不断给孩子讲解相关知识。

2. 以文化资本运营与策划能力创建基地和打造营地产品。

笔者不主张重资产型的基地建设，因为时代与政策都在不断变化，虽然出版业有很好的成功案例，但是 2022 年独建基地的打造会越来越难。笔者主张以内容产业资源去置换部分基地运营，以内容产品策划能力去获得教育部门对出版业研学的支持。

3. 以文化力打造出版研学产品品牌。

文化力是出版界的核心竞争力。在做研学项目时，书店一定要以足够的文化力去塑造研学产品的品牌，得到教育部门和家长的认可。研学品牌建设应是书店做研学产品的重中之重。

4. 以跨界思维促进研学产业融合。

教育、出版、旅游、研学是研学产业融合的要素，而研学只是一种文化实践的具体表现形式。因此，我们必须用跨界思维去策划研学产品，提升跨界融合的能力，以此创新研学产业的融合发展模式。只有这样，才能发挥我们的优势，促进研学产业的融合。

5. 以传播力提升出版研学产品影响力。

在研学项目上，出版集团拥有优势，宣传力、传播力较强，且各省都有较成功的案例。

6. 以战略思维加速培养研学专业人才。

目前，广东新华发行集团、湖南新华书店集团、四川新华文轩出版传媒在研学专业人才的培养上比较成熟，其运营研学项目都相当成熟和专业。培养书店专业的研学人才是今后重要的战略内容之一。

店内研学是笔者比较主张并认为可以作为常态的模式，书店可与图书营销相结合，这非常适合中小型书店。2015年，针对小学生家庭，笔者策划了"书店奇妙夜""我是小小图书管理员"店内研学活动。再如，青岛书城、青岛栈桥书店常年举办"书店店长体验官"主题研学活动，如今很多书店在策划多种多样的店内研学活动，全国各地书店店内研学案例较多。

笔者一直向往去一次英国的海伊小镇，这个不到2000人的小镇，通过卖二手书让衰败的小镇重新焕发活力，还带动了整个小镇的经济、旅游的发展，使其成为英国乃至整个欧洲最有书卷气的小镇，也成为全世界爱书人向往的地方。该小镇在每年的5月底至6月初举办为期10天的"海伊文学节"，这种文化营销让我很受启发。"海伊文学节"吸引了来自欧洲的大量游客，对历史小镇的复兴和文化传播起到了推广作用。笔者曾策划过"阅读庄园"以及"红色书香小镇"项目，一直希望能有机会在国内策划这样的文旅项目，现在正在积极探索中。

在书店与文旅融合的案例中，先锋书店比较典型。2013年开始，先锋书店正式开始跨界文旅产业，从与中山陵、总统府等合作开景区书店到创办以旅游为导向的乡村书店，先锋书店的乡村书店拉动了乡村的文化旅游，让大家看到了实体书店的新生力量。2021年，先锋书店又进入南京新的旅游景区"园博园"中，成为新的网红打卡地。像先锋书店这样主动策划并融入文旅项目中，并且能成为整体文旅项目的网红，甚至在文旅项目中能起到引流作用，很容易得到当地政府的支持。

2022年2月16日，2000多平方米的大隐书局台州店开业落户椒江区葭沚老街，这也是大隐书局继苏州后融入长三角的最大项目，融合葭沚书房、COSTA咖啡台州首店、博物文创等，其园林式布局、院落式建筑增加了文化融合度，在试运营的8天里，吸引了4万多读者进店体验，日均读者到访量破5000人，创下了大隐书局新店人流之最，被当地媒体称为文旅融合的新典范。

所以说，书店进入文旅产业的项目有两个重点要把握：一是书店主动策划融入当地文旅的项目并实施。这需要书店准确抓住当地文旅项目的痛点，在书店项目上与文旅项目目标相吻合，起到锦上添花甚至不可或缺的引流作用。二是内容输出，文化营销，文化造节。书店以大出版为背景，内容资源十分丰富。用好的出版资源主动为当地文旅项目文化赋能，甚至能用内容资源为当地文旅项目"造节"或是策划文化营销品牌活动。书店做到有场景、有内容、有故事、有产品、有体验、有传播、有精神高度，这才是真正的书店与文旅融合的成功模式。

做个好书店

OPERATING A GOOD BOOKSTORE

第四章

拥有专业素质的硬核团队是书店持久的竞争力

实体书店运营团队过硬的专业素质是书店的竞争力,是大家的共识。近年来,很多媒体在讨论实体书店如何生存、如何发展,都是"战略思维"型的讨论,但很少研究新形势下书店人如何提高自身素质,如何培养书店人才和团队,如何适应实体书店的发展要求。在2021年几家发行集团和书店做培训时,笔者曾提出一个观点:"图书企业管理者要成为管理复合型人才,普通员工要成为技能复合型人才。"

那么,我们究竟需要怎样的团队?我在这一章中做一定的探讨。

第16讲

书业、文化、营销三重标准培养员工

2019年，茑屋书店在中国筹备开店，在网上发布了招募优秀人才的信息，有一些岗位要求给我很大的启示。

(书店企划运营担当6人)

职位要求：

　＊日语口语流利（有日本研修经历）

　＊对书籍、文件及文化有强烈的兴趣

　＊有零售店经验

　＊有管理经验

　＊熟知商务礼仪

　＊熟练使用Office办公软件进行函数计算、统计等

(书籍商品策划（人文、艺术方面）1人)

职务内容：

　＊通过书籍销售数据分析、预测客户需求

　＊对书籍、商品做定期销售场地企划

　＊定期做市场调查及同行业店铺调查

　＊熟练使用Excel统计及数据分析

　＊熟练使用PPT（会简单的提案说明）

　＊日语口语流利（社内、社外交流无障碍）

　＊有两年以上品牌及零售店的运营/商品销售企划经验

书籍商品策划（料理、美容、健康／艺术方面）2 人

职务内容：
* 通过书籍销售数据分析、预测客户需求
* 对书籍、商品做定期销售场地企划
* 通过作家、名人等做相关活动企划（海外书籍的甄选）
* 熟练使用 Excel 统计及数据分析
* 熟练使用 PPT（会简单的提案说明）
* 日语口语流利（社内、社外交流无障碍）
* 在国内外的料理、美容、健康／艺术领域有分析业务的经验

可以看出，茑屋书店对员工的要求标准是比较高的。

一直以来，我们对书店员工的素质要求较高，要求每个员工掌握发行基础知识、出版物知识、消费者知识、市场营销知识、出版物相关法律知识，但在日常工作中，对员工能力的要求大多还停留在图书收发货、收款、整理货架、找书等基本业务层面上。

再以茑屋书店为例，其接待员中有一些是资深专家。据介绍，"在书店各处时刻准备着为顾客服务的礼宾接待员自身便是一部部活着的书籍。旅行类咨询员是 65 岁的森本，曾游历 100 多个国家，撰写了十几本导游书；料理类腾屋小姐是业界知名人物，著有多本料理类书籍；文学类的间室道子是著名日本文学评论家"。在《知的资本家》一书里，这些接待员被称为"知的资本家"。书中称，正是这些被称为"知的资本家"的接待员，构成了类似时尚领域的买手概念。为了服务于

顾客的"买买买"，茑屋书店准备了资深买手提供专业服务。可以看出，这类接待员的素质又高了一个层面，他们已经是各专业领域的专业图书导购员。如果书店拥有这样的员工，那么很多读者愿意来享受阅读的快乐。

在商场，一位成功的销售员应掌握3类知识：第一类是通用知识，即销售工作中的基本常识，如礼仪、法律、财务等，以及从事销售工作的方法技巧，如洞察客户心理、谈判技巧等；第二类是专业知识，包括本公司、项目及所销售产品（服务）的知识，区域市场竞争对手及其产品（服务）的知识，所处行业的知识，如行业动态、专业技术常识等；第三类是销售团队管理知识，如激励、培训、沟通与管理等；产品营销推广常识，如营销策略、宣传推广、组织与执行等。书店员工同样必须掌握以上3类知识，同时还要具备较高的文化素养。

当代实体书店对员工的素质要求应该是书业、文化、营销三重标准，这样可以打造更有竞争力的团队。笔者曾经给书店提出选择员工的4个基本要求：

一、店员的形象、修养

店员的形象、修养包括仪表、举止、语言等，其中内涵是表现出的最重要的特征。一个人的内涵是装不出来的，书香气质也是装不出来的。笔者最喜欢"知性"二字。知性是指内在的文化涵养自然发出的外在气质，简单说就是让人一看就觉得有文化、有内涵的气质。另外，书店员工的基本要求是"干净"，不喜欢打理自己，头皮屑乱飞，浓妆艳抹，脸部不干净，留长指甲等，都是不允许的。其实，读者讨厌的就是书店个别员工爱搭不理的腔调及没有文化修养的举止。

二、店员年龄要求

现在的书店员工越来越年轻化，尤其是很多新型书店，大部分是年轻员工，90后、00后居多。不过，我们可以根据书店类型及图书销售类型来分类并以此选择员工：第一，儿童专业书店或是大中型书店的儿童图书销售区域，可以年轻的女性员工为主。有孩子的员工更佳，因为她们更容易给孩子亲近感和安全感，也更适合在店内经常组织亲子阅读活动。同时，她们比较容易与家长沟通，共同语言较多。当然，一些小伙子也有与儿童打成一片的能力。第二，社科类书店或社科类图书专区可以选择文化程度和学历比较高的员工，青年、中年搭配选择。中老年资深书店人和读书人会让读者喜欢。他们的涵养、包容、知识深度会让读者感觉温暖，他们已经不是普通员工了，而应是读者的导读师。第三，时尚类书店或是在大型高档时尚 MALL 内的书店，则可以选择有时尚气质、有活力的员工。这里所指的时尚是有文化内涵的时尚气质。

三、爱读书，爱书店，爱读者

我们常常要求员工"爱岗敬业"，而对书店员工的要求应该更高，标准是"爱读书，爱书店，爱读者"。第一，爱读书。大部分做书店做得出色的，是那些自己喜欢读书的人，自己不爱书，肯定不会喜欢书店这个职业，更不会喜欢读者。第二，爱书店。我们常常有做书店的情怀，这就是热爱。只有对书店热爱的人，才能无怨无悔地为书店奉献。第三，爱读者。将每一位读者都当成知音甚至亲人，这样为读者服务时的行为举止和谈吐都是发自内心的。符合"爱读书，爱书店，爱读者"标准的人，肯定会成为书店录取员工时的首选。

四、有业务技能的复合型人才

当下，对于新消费新零售环境下的实体书店，员工不仅要具备营销能力、组织和策划能力、广告文案撰写能力，而且应具备洞察消费者心理和行为的能力、多元化业态销售技能、互联网营销能力等。我们需要培养业务技能复合型人才。

第17讲

好书店需要打造更多年轻的金牌店长

甲骨文公司北美执行副总裁及销售负责人凯斯·布鲁克曾说:"销售要做得好,有很多基本要素,比如好的产品和服务,优秀的销售模式和策略,出色的销售人才,适当的激励法则,恰当的行为举止,还有优秀的公司文化。但是,最重要的当然是优秀的领导力。你可以选择做一个冲在销售前线的指挥员,也可以做一个在后方指挥的老大。而我们永远选择冲在前线。"

好店长造就好门店,店长是门店的灵魂。如果将门店比喻成一条船,那么店长就是船长,船长对船的航行负全责,要领导驾驶员、轮机员、船员使船平安地航行到目的港口,对于航行中的台风等不可预测事态及突发事件要做出准确的判断。所以说,店长管理质量的好坏将直接影响整个门店的盈利水平和服务质量,直接决定着门店的命运。

书店店长的角色定位有以下几个方面:

1. 店长是书店的品牌代言人。
读者是通过店长所领导的门店去了解和认知书店的企业精神和品牌。店长是企业、品牌与读者之间联系的纽带,是书店企业最高的代言人。店长与读者、企事业单位、政府部门等长期沟通,店长的精神气质、知识水平、业务能力等直接是企业的品牌符号代表。

2. 店长是书店门店的管理者、指挥者。
店长实施门店经营管理、人员管理、图书及其他业态货品管理、服务管理、现金控制、数据管理等,同时要指挥员工实现门店运营目标。其中,最核心的是书店经营的政治方向的把握和文化产品内容的管理。

3. 店长是员工的培训者和激励者。

店长要将不断提高员工的业务水平放在重要位置上,以促进门店经营水平的整体提高。同时,店长要不断激励员工保持高昂的工作热情。爱书店、爱读书、爱读者、精业务是一个门店优秀团队的基本素质,这与店长的引领、指导、激励分不开。

4. 店长是问题协调者、谈判者、故障排除者。

店长与上级、员工、读者、社会各界的完美沟通是常态工作,同时对于门店经营中遇到的各种问题,店长还是"故障排除者",书店运营前进道路的"清道夫"。比如:化解读者与员工之间的冲突,处理员工与员工之间的矛盾,解决门店与社会其他单位之间的问题,等等。同时,店长还是"谈判者",无论是往来业务还是问题处理,店长担负着高级谈判者的角色。

5. 店长是工作成果的分析者。

店长要具备管理和分析经营数据的能力,以进行合理的目标管理,同时能根据有效分析,预测和把握经营的态势。

形象地说,一个店就像是一个家,店长就是一家之长。"家长"不仅要操心这个"家"的所有问题,如人员调配、读者服务、商品买卖、货品陈列与宣传、门店卫生、经营目标等,而且要让"家"在外有较好的形象。应该说,店长的素质和气质就是门店的素质和气质。笔者经常说,书店易开,店长难当,金牌店长难求。店长是门店的精神领袖,是灵魂人物,是舵手,在经营和管理工作过程中承上启下,发挥着重要的作用。有一位企业家说:"一名优秀的店长的重要性对于企业而言有时等同于首席执行官。"

当然，培养一位优秀的店长是很不容易的，将优秀店长修炼成"金牌店长"更是不易。对书店金牌店长的培养，笔者从5个基本素质要求、4个心理素质要求和8个能力修炼展开来讲。

一、金牌店长的5个基本素质要求

1. 政治素质。

图书发行工作是党领导的社会主义事业的一个组成部分，是社会主义思想文化建设的重要阵地，是宣传教育工作、科学文化工作、供应精神食粮的服务工作，是社会主义文化企业。因此，金牌店长需要具备很高的思想政治素质。

2. 品格素质。

道德、品行、人格、作风等优秀品质都是金牌店长所必备的。有高尚的品格和素质的人，才会有忠诚度，才会有责任感，才会有社会担当和企业担当。品格素质差的人，业务能力再强，也不能担当店长的职务。

3. 技能素质。

具有优秀的营销技能、执行技能、协调技能等诸多运营门店的技能素质。

4. 性格素质。

金牌店长需要具有开朗的性格、较强的忍耐力和包容力等。

5. 学识素质。

学识和能力是紧密联系在一起的,学识是才能的基础,才能是学识的表现。具有丰富学识的店长,更容易取得员工的信任,并使员工由此产生依赖感和敬畏感。

二、金牌店长的 4 个心理素质要求

心态是命运的控制塔,具备健康的心理品质、良好的心理状态、较强的心理能力是金牌店长的基本要求。

1. 积极乐观。

对于门店的店长来说,应当拥有积极乐观的心态,能迎接各种市场挑战,面对困难,能积极想办法处理和解决。这种心态能够促进团队勇往直前。

2. 主动热情。

主动热情,才能善于与人交往;主动热情,才能带领团队去创造商业机会和良好的销售业绩。

3. 抗压力。

店长在接受目标、承担责任的过程中,在带领团队、实现目标的路途中,在处理各种对内对外关系的过程中,能承受压力的能力越强,取得的成就就越大。

4. 冷静沉着。

在情绪稳定的情况下,才有可能做出正确的决策。时刻保持冷静

的头脑,多思考,多听取建议,不急躁。

三、金牌店长的 8 个能力修炼

1. 领导能力。

店长作为领导者,其任务就是发挥领导力,带领员工共同把门店经营工作做好,同时还要不断激发员工的工作热情和创造力,实现门店的经营目标。

2. 计划能力。

计划是店长最重要的工作环节之一,但在实际工作中,有不少的店长根本没有计划性可言,几乎是拍脑袋办事,导致员工的工作目标也不清晰。因此,金牌店长要有计划能力,工作计划要有科学性和可操作性。

3. 沟通能力。

与员工进行正确有效的沟通是一种能力,甚至是一门艺术。有效的沟通能提高门店的凝聚力和战斗力,有艺术的沟通则会排除一切人为的障碍。同时,金牌店长还要拥有优秀的沟通口才和极佳的演讲能力。

4. 营销能力。

店长的营销能力是门店生存和发展的关键,能把商品传播和销售出去,给企业带来利润和价值,这是店长的目标所在。

5. 创新能力。

有创新,才有竞争力。在移动互联时代,唯有创新,实体书店才能生存。金牌店长不仅自己要拥有创新能力,而且要提供创新平台,培养员工的创新能力。

6. 协调能力。

协调能力是店长必须具备的能力。作为门店最高管理者,店长要能把所有员工的力量拧成一股绳,团结协作,提高门店的工作效率。

7. 辅导培训能力。

店长不仅自己要优秀,还要加强员工的业务能力,所以店长要有较强的辅导与培训能力:拓宽员工视野,提供员工营销技能培训,传授经营方法,帮助员工改正错误,促进成长等。

8. 公关能力。

店长公关能力的强弱决定着门店能否获得内部和外部的合作与支持,而优秀的公关能力能提升门店绝对的竞争力。

四、评价金牌店长优秀与否的 7 个指标

这 7 个指标看似简单,但真正要达标却没那么容易。能达到这 7 个指标,不仅书店店长是优秀的、金牌级别的,而且书店是达标的,可以努力成为品牌书店。

1. 社会效益指标。

社会效益指标是指书店是否坚持党的路线、方针、政策,是否符合社会效益和经济效益相统一的要求,是否坚持向大众传播先进的科

学文化知识,满足人民群众的精神文化需求,是否符合国家法律和行业有关规定。《新华书店社会效益考核评价办法》指出:门店的社会效益不达标,其他能力再强也等于零,一票否决,这个书店的店长也是不合格的。

2. 经济效益指标。

经济效益是重要的指标,行业人士考察实体书店时都会问:"书店盈利吗?"专业一些的会考核书店的销售指标、商品库存及周转率指标、劳动生产率指标、盘亏及差错率指标、商品费用率指标、利润及利润率指标。这些指标的优劣直接反映店长的业务管理水平。当下各书店的业态越来越丰富,品类越来越多,经济核算考核指标也越来越具体和细化。

3. 团队指标。

团队建设和团队战斗力是考察店长是否优秀的关键因素。团队指数有8项指标:共识指数、目标指数、绩效指数、快乐指数、多元指数、参与指数、倾听指数、沟通指数。结合团队指数来判定,一个好的团队必须具备以下10个特征:目标清晰坚定,具备全面的相关技能,忠诚与活力,承诺与自觉,高度的相互信任,沟通高效迅速,富有弹性的领导力,最佳的绩效能力,相互肯定和欣赏,高昂的士气。对于一家门店而言,店长依赖合作的精神和团队的力量,能取得更大的成功。

4. 环境指标。

书店阅读环境和文化消费环境的好坏直接体现店长的管理意识和能力。数字阅读时代和网购时代,要"给读者一个去你书店的理由"。

读者反复来实体书店的理由，除丰富的图书外，主要是因为书店舒适优雅的阅读环境，优质而专业的服务，以及书店提供的人与人、人与书、人与作者交流的空间和机会。笔者想强调的是，书店环境指标不仅仅是指书店硬件设置以及环境管理，还包括书店员工的态度和气质给读者带来的心理舒适度。

5. 服务指标。

书店具有的"黏性"能让读者反复来书店，书店服务是重要的因素，服务本身就是竞争力。书店服务分为"显性服务"和"隐性服务"：显性服务就是读者能直接感受到的员工对读者一对一的服务，如为读者找书、帮读者查询图书信息、为读者解决阅读和消费过程中的困难等。隐性服务是书店以读者为中心的陈列、推荐和指引等，如西西弗书店在地面精心设计动线，将读者引导至自己欲购图书所在的主题区域。从进门到找到想要的书，每位读者只需不到15分钟的时间。店长作为门店销售策略的一线执行者，体现书店的服务品质对店长来说是义不容辞的责任。因此，服务指标也成为金牌店长必须要达到的重要指标。

6. 安全指标。

安全管理对门店经营意义重大。有效进行卖场的各项安全管理作业是店长不可推卸的责任，其中包括：一是门店日常经营的安全管理；二是防火、防水、防盗的安全管理。店长要完善门店安全管理，减少意外事件发生的概率，确保人员的生命财产安全。

7. 活动指标。

书店营销活动和阅读推广的次数、频率、质量是社会和读者评价

书店活动的标准,这同样是评价金牌店长的标准。懂宣传、懂营销、懂策划、懂组织、懂执行的金牌店长,能将活动做得更好。活动指标有以下几个考量:活动的频率、活动的质量、活动的影响力、活动的效益。

第18讲

书店员工必须掌握的专业知识和技能

有一家书店曾遇到这样一件事儿：一位30岁左右的营业员看到一位中年读者在《企鹅经典：小黑书》前拿起其中一册又放下了，便主动上前和他聊天。两人还挺投缘的，中年读者微笑着听营业员说话。笔者听到这位营业员是在讲英国青年艾伦·莱恩，讲艾伦的叔叔约翰·莱恩，讲2015年全球最大的大众图书出版公司——企鹅兰登推出的"小黑书"，讲艾伦·莱恩将其作为献给自己80岁的生日礼物。笔者发现这位营业员就是个故事能手。接下来，她讲了小黑书的特点，小黑书首批推出多少辑多少本，有哪些大师的代表作，还有全球畅销的理由……最后，她还介绍了"口袋本"小32开本体积小、好携带等特点，以及如何能让人们在拥挤的地铁里保持单手持握的姿势……丰富的知识量让这位中年读者听得入迷，这位读者当场买了一、二、三辑。

书店经理告诉我，这个营业员是他们店的"超级宝贝"，懂书懂书店懂出版懂营销甚至还懂一点儿印刷。有不少的读者是她的"粉丝"，很多读者就喜欢和她聊天。聊着聊着她就把书卖掉了，她拥有的是硬核的专业素质。其实，这同样也体现了这家书店的素质和持久的竞争力。

这让我想起自己20世纪80年代在书店认识的一位周姓师傅。他是社科文艺柜台的组长，"粉丝"读者特别多。一些读者只要有空闲时间就来和他聊天，他会向大家介绍新到的书，聊作者、聊行业、聊版本、聊历史等。他们这个柜组的书基本都是被周师傅的老顾客买走的。他具备的就是我们行业扎实的图书专业素质。

1994年，新闻出版总署发行了图书发行行业工人技术等级培训统编教材。笔者当年负责撰写的是《音像制品发行员技能》教材。通过"图书发行员职业资格培训"和考试，成为我们这个行业入门的门槛。现在，每一位书店从业人员都必须经过国家考试才能取得职业资格。

应该说，能够熟练掌握专业知识的销售人员讲起话来就会很自信，言语间能洋溢出一种魅力、一种定力。客户之所以被征服了，是因为其感受到了销售人员的专业、自信、熟练度等。

因此，我们要以"行家"的标准去培养员工，使其拥有过硬的行业知识素质。首先，必须牢记图书发行工作的性质、方针、任务。要学习并能及时运用出版物发行和市场管理的法规及规定，尤其是要熟悉《出版物市场管理规定》。其次，要掌握以下常规知识：出版业和书店行业知识、书籍知识和出版知识、图书内容知识、图书分类知识、阅读方法知识、消费者知识、读者心理学与读者购物行为学知识、市场与营销知识等。

根据实际工作经验，笔者对员工另有以下4个要求：

1. 书店员工系统地学习营销知识。
书店员工对营销知识的学习，必须系统地学习专业的营销课，接受专业的商业销售培训，还要学习和掌握互联网线上营销技术。

2. 收集和学习各行业营销案例，举一反三地运用到书店营销中。
书店行业是个操作性强的行业，光有理论没有用，要有丰富的实战经验和操盘能力。

3. 要会"讲书",而不仅是"熟悉书"。

过去书店对员工有掌握200种以上图书的书名、版别、定价、编著译者、内容提要和读者对象的"熟悉书"的要求,其实这种要求已经不能适应当下了。笔者要求员工一是自己要读书,二是自己要能生动地把书的内容讲给读者听,"给读者一个阅读并购买的理由"。笔者曾创建了这样的一个制度帮助员工提高讲书能力:比如说20人的员工团队,就要求每个人每周读两本书,每周二、周五下班后召开读书会,每个人用5~8分钟给大家讲自己读的书。首先,要能说出这本书的核心价值,也就是卖点,只要一句话。其次,能绘声绘色地介绍这本书的内容以及自己的读后感,要求是让听者有收获并有想阅读的冲动,当然,介绍的内容必须体现图书的基本要素。这样,每个人都能在一周内了解约40本书,并掌握这些书的卖点及介绍方法。每次读书会结束,笔者在此基础上都会做评论并介绍推广的技巧,最后评出5位"本周最佳荐书人"。一年下来,我们的员工都能成为金牌导购员、优秀荐书人。

4. 学会撰写优秀的图书介绍文章。

一是培训员工学会提炼每本书的"卖点",并用一句话表达;二是要求员工进行1000字的图书介绍的撰写,要能精确、简练地将核心内容表达出来。在此基础上,可以扩展到两三千字,包括出版社品牌介绍、同类图书比较、作者介绍、市场反响等。再进一步,将这些再删减成500字,用于3分钟左右的图书推荐。这样,既有3分钟的推荐,又有针对熟悉的读者20分钟以上的长时间讲解。

第 19 讲

选品力、营销力、美陈力、文案力应是整体素质要求

很多资深读书人喜欢北京万圣书园。读者对万圣书园的评价就是"书好"。万圣书园图书品种以社科历史人文为主，积累了很多非常难得的珍品书籍，不少都是绝版。读书人希望有这样的好书园，淘书看书购书。这充分体现了万圣书园的选书能力。

其实，每一位真正的读书人进入书店，关心的第一要素并不是其空间设计和装修风格，而是书。看一圈书店内的书，就可以看到书店的品质和调性，也能看出这家书店是不是读书人及懂书店业务的人在经营。笔者常听到朋友这样评价一个书店：书店装修得挺漂亮的，可惜书不怎样，没有好书，适合自拍照片后就走人。读书人评判很简单，即有没有"好书"。

近年来，各类书店越来越重视书店的图书选品。"选书师"被大家常常提起，有不少的书店开始培养自己的"选书师"。

"选书师"这个称谓真正红起来，应该是始于 2016 年日本女作家吉井忍的一本《东京本屋》，书中提到两位日本书业的专家——幅允孝和岛田润一郎，他们是日本选书师的代表性人物。他们的工作是结合环境选择书籍并进行摆放，他们会根据读者阅读喜好，以最快的速度推荐图书，还能为读者一对一地制订完美的阅读计划。选书师与书店导购不同，选书师提供的是更深入的图书咨询，主动提供阅读建议、制订阅读书单，就好像时装领域内的高级定制服务。岛田润一郎如何描述自己的工作？他说自己"帮人选书"，同时"创造书和人偶遇的机会"。

从书店的角度看选书,我认为有两个层面的工作:一是为自己的书店选书进货;二是为读者选书并具有阅读推广的职能。

一、为自己的书店选书进货

1. 根据本店的定位和读者群选择"长销书"。

这就是说根据书店精准定位去选书进货,所选的图书与书店气质相符合。这是直接决定书店调性的。正如万圣书园所选择进货的多是社科历史人文类的非畅销图书,而且是长销图书,让每一位喜爱万圣书园的读者每次去都能淘到喜爱的书。我们的店长要培养这样的选书人才。

2. 不盲目地选择市场畅销书。

市场畅销书尤其是各种媒体上榜的畅销书不一定全都符合自己的书店。换句话来说,市场畅销书并不一定都是优秀的图书。我们要有这种辨别能力,看哪些畅销书是符合自己书店的,以及辨别出哪几种市场畅销书是有价值的好书,是读者必读的。

3. 善于在版本重复的图书中选择优秀版本。

现在公版书的重复版本出版的现象普遍,如四大名著就有数百种,让读者无所适从。这正是书店要展示其功力的时候。其一,我们要真正挑选出版本好、翻译好、编辑好的同内容书。其二,我们要能为不同年龄和知识层次的读者推荐不同版本的同内容书。这就做到家了。

选书一事,各店有各店的标准,还有"专业度选书""大众性选书""内容独特性选书""以设计装帧特色选书"等。记得《新京报书评周刊》

曾提出3个选书维度：第一，发现性。指内容新鲜，有新东西。第二，专业性。指书的深度，这本书有"一技之长"，是别的书所不能达到的一种深度。第三，书的广度。比如说这本书关注了一个重要的社会话题，而这个话题是与大家相关或者是大家感兴趣的话题。

关于培养书店的选书团队，有人总结选书师要具备4种能力：其一，鉴赏力，爱书且有较高的鉴赏力。其二，判断力，熟知客群特色及定位。其三，洞察力，敏锐的市场洞察力和把控力。其四，策划力，"编辑"书架与营销的能力。这里的"编辑"书架，指的是选好书后用创新的手法陈列在书架上，推荐给读者。

二、为读者选书并具有阅读推广的职能

其实我们以前的口号"为读者找书，为书找读者"指的就是这件事。现在我们的要求是：要能运用"全民阅读推广"的技能，并结合读者或是企业的特质与需求，量身定制图书阅读书单，以及选书、送书给读者或企业。

书店员工的营销力同样是基本素质。如果我们的员工都能拥有比较全面的营销能力，会让我们的书店销售如虎添翼，书店竞争力肯定更强。笔者认为员工整体营销能力体现在5个方面：

1. 销售能力。
书店门店员工的销售能力是一个基本的能力要求，最简单的模型便是"销售能力＝产品知识＋销售心态＋销售技巧"。

2. 促销策划能力。

书店促销策划并不是书店专设岗位专人负责的事，而是全员的事。例如：策划节日促销活动，每一个柜组与员工都是策划的主体。也就是说，个人也可以为自己负责的图书做促销计划。"策划"是一种综合能力。我们要在培训员工过程中逐渐发现优秀的策划人才，再带动大家，让每位员工都有促销策划能力。

3. 营销组织能力。

为什么要求员工都有营销组织能力呢？举个例子，笔者策划的365天无间歇"朗读者计划"活动是在每天晚上八点到八点半这半小时内进行。这个活动每天都需要现场组织，不可能由某一人专职担当。因此，笔者就要求当班的员工轮流上台组织，这同时也提供给每位员工最佳的锻炼机会。大家想想，每个员工都能有这样的组织经验，那平时门店组织各类活动，大家肯定不会袖手旁观地说"我不会"。

4. 营销推广能力。

书店员工不仅要有现场推广图书的能力，包括点对点地对个体读者的图书推广，以及对多人的阅读推广，还要有通过多种移动互联网工具如微信、抖音等的推广能力。

5. 服务营销能力。

服务营销是通过关注顾客进而提供服务，最终实现有利的交换的营销手段。这更是我们员工应具备的基础能力。

美陈就是指美术陈列，是将产品元素占据一定空间使其具有可视形

象以供欣赏的艺术。商业美陈是指在商业空间进行高品位的美化装饰和陈列展示,通过艺术手法展现形式,宣传自身品牌,扩大知名度,加强消费者对品牌的认可。美陈是一门根据市场需求定位而繁衍成的综合性很强的学科,集合广告专业、室内专业、环境景观艺术、工业产品设计等综合设计。商业美陈具有很鲜明的行业特色。它是以环境和装饰艺术为主体,结合商业建筑、文化特点、商业运营、营销策划及审美需求的综合性项目。笔者要求的是培养每位员工都拥有"美陈力"。

至于"文案力",笔者前面讲过要求员工能撰写图书介绍文案,这其实就是文案力的要求。

第20讲

掌握读者学、消费者心理学、消费者行为学知识
才能完美销售

在门店销售过程中，了解读者、掌握阅读心理、熟悉读者消费行为是一种高级的销售素质，也是能走进读者心中的完美的销售状态。这是图书线上销售以及疯狂打折手段所不可比的状态，是以"人"为中心的服务竞争力。

从消费心理学的角度，一般将进实体书店的读者分为 3 种类型：

1. 有目的的读者。

这类读者在来书店之前就已经有了明确的购书目的，进店之后购书的路线比较明确，目光集中，或是一进书店就直接询问店员所需要图书的信息。还有一种读者来书店的目的就是将书店当成第三空间，即咖啡＋阅读＋办公或是学习，这种现象在书店内越来越常见。

2. 有购书意识的读者。

这些都是读书者或爱书者，就喜欢逛书店，看能不能淘到好书。当然，这类读者在购书过程中有一定的目标范围，同时也会留意其他图书。他们进店之后会放缓脚步，集中目光。

3. 无购书意识的书店爱好者。

这类读者现在也很多，或是一批"书店控"、书店热爱者，其中外地读者则是将书店当成旅游打卡地。他们进入书店之后，脚步缓慢，行动没有规律。那么，我们怎样让这类读者实现消费呢？

想要使读者实现消费，员工要掌握读者的 7 种基本心理：从众心理、求实心理、求美心理、求廉心理、求名心理、自尊心理、疑虑心理。除了掌握读者的消费心理，如果还能了解和掌握各类读者的消费决策特点，包括消费者购买决策的目的性、消费者购买决策的过程性、消费者购买决策主体的个性需求、消费者购买决策的复杂性、消费者购买决策的情景性，那么员工的销售素质就会又高了一个层次。

今天，市场已经发生了本质的改变，消费者的消费习惯也发生了根本的改变。在新消费时代，读者去实体书店消费的心理和特点越来越难掌握，有以逛为主的，有去书店打卡的，有去约会的，有去喝咖啡的，有去参加活动的。现在的90后、00后成为购物主力，他们的购物心理和行为特点与前辈大有不同，更难掌握。我们的知识要随之更新。

笔者呼吁实体书店要组织员工学习读者学、消费者心理学、消费者行为学知识并能运用在销售中，一是去不断学习，二是在实践中不断总结并积累经验。

"读者学"的内容包括读者主体、读者需求、读者分类、读者结构、读者心理、读者行为、读者调研、读者服务等基本知识。

"消费者心理学"是研究消费者在消费活动中的心理现象和行为规律。消费者心理学的学习内容包括消费者的心理活动过程、消费者的个性心理特征、影响消费者行为的心理因素、社会环境对消费心理的影响、消费者群体的消费心理与行为、消费态势与消费心理、商品因素与消费心理、营销沟通与消费心理等。

"消费者行为学"是研究消费者在消费活动中的心理与行为特点

及其规律，以便适应、引导、改善和优化消费行为的一门学科。

关于消费者行为学研究的图书有好几本，有《消费者行为学》《消费者行为分析》《消费者行为心理学》等。笔者最近研读的是英国金斯顿大学商学院营销系教授罗伯特·伊斯特主笔的《消费者行为：基于数据的营销决策》，很受启发。笔者希望书店应给员工补上这一课。实体书店是人与人、人与书、人与书店链接的空间，只有抓住人们的消费心理和消费行为特点，才能精准地满足人们的需求。这才是抵抗网络消费的核心竞争力。

做个好书店

OPERATING A GOOD BOOKSTORE

第五章

用书店极致服务打造读者忠诚度

顾客忠诚度是影响企业利润的重要因素。忠诚的顾客不但主动重复购买企业产品和服务,为企业节约了大量的广告宣传费用,而且将企业推荐给亲友,成为企业的兼职营销人员。我们一直以日本茑屋书店为榜样,从装修风格、多业态经营上汲取了不少的经验,但是能汲取到茑屋书店极致服务及会员制销售精髓的却不多。

如今,茑屋书店的T-card会员数超过7000万人,持卡人数超过日本总人口的55%,构成全日本最大的零售用户群体,20~29岁的T-card会员数占据八成。拥有庞大的会员数据体系,让茑屋书店可以把用户画像做得更精细,选品更精准,服务更精致,这同时也成为"生活方式提案者"运营模式的基础。因此,极致服务与会员制是我们实体书店生存与发展的重要策略。

第21讲

"极致服务",体现数字时代实体书店的温暖

产品是有形资产，服务是无形资产。服务是产品被选择的窗口，顾客只有认可了服务，才会将产品带走。也就是说，服务才是真正的卖点，是产品价值和产品顺利出售的承载者。别卖"产品"卖"服务"，说的就是这个道理。如今，市场营销战略由原来的"产品竞争"转变为"服务竞争"。优秀企业都将服务作为获得市场占有率的秘密武器。我们实体书店处在怎样的状态？有怎样的服务策略和措施？如何向读者提供"极致服务"？这些是我们应多多反思的。

笔者提出"做有灵魂的书店""点亮心中最温暖的那盏灯"，就是希望在数字化时代打造一个让读者感受到极致服务所带来的温暖体验的实体书店。当下，书店的"极致服务"已成为实体书店生存的利器，"极致服务"能让书店业绩倍增。

"雷克萨斯宣言"中写道："我们要通过提供优质服务，为客户带来一次又一次的'感动'。我们要怀有一颗努力'拥抱'客户的心，以我们的待客之道实现前所未有的'打动人心'的最佳服务。"有这样一句话："无论科技多么发达，无论人工智能可以取代多少人类的工作，人类情感的表达依然是无法被复制的。"所以，情感、诚意、用心是服务做到极致的关键。因此，笔者认为与其长篇大论地大谈网上销售对实体书店的压力，不如切实地研究我们实体书店的极致服务策略。

有一本书叫《极致服务：如何创造不可思议的客户体验》，由肯·布兰佳所著，值得书店员工研读。

所谓"极致服务"，指的是始终如一地提供理想服务，留住顾客，从而提高企业的竞争力。简单说就是企业通过一系列举措令顾客感觉到备受关注，以此实现极致服务。肯·布兰佳提出了"ICARE"的服务模式，从5个方面来阐述每个字母代表的含义及对应的方案。

"I"指的是理想服务——坚持服务至上，满足客户每日需求。"C"指的是服务文化——促进构建以服务为重点的环境。"A"指的是专注——了解客户及其喜好。"R"指的是回应——在满足客户需求时展现出真诚的服务态度。"E"指的是赋权——积极采取行动，实现服务愿景。企业从这5个方面采取举措，再应用到实践中，从而实现对客户的极致服务。

不要小看ICARE服务模型，"极致服务"不是口号，更不是"提升服务质量"那么简单，它是操作性极强的服务标准。

"极致服务"随着消费升级，必然会成为焦点，成为热点，同时也成为我们实体书店再次转型的重点。新消费环境中，我们实体书店的"转型3.0时代"或是"转型4.0时代"一定不是空间升级，更不是"无人售书"，而是最有温度的极致服务。

所以，笔者提出一个观点：我们不能用过去的服务经验来经营今天的书店，要构建"极致的产品，极致的服务"意识来做好书店。

笔者曾和一位服务业高手聊天，她说："一个能被顾客感知到的好的服务，才是有效服务。有一种极致服务叫海底捞，海底捞的服务之所以如此出名，更多的是因为它通过高素质的服务人员去发现并满足了消费者的隐性需求，而并非是流于表面地全程参与顾客的用餐过程。"她还说："一是要提倡'不打扰的服务＋传递温度'式的极致服务。二是要恰当地引导，比如说在顾客要求服务人员推荐菜品时，要先了解顾客的用餐需求，再做推荐，这样会提升可信度，同时能表现出自己负责任的态度。推荐菜品时不要只推荐价格高的，而要结合实际情况推荐最合适的。三是熟记经常到店的客人。首先它能给客人一份好心情。客人一进餐厅，我们给顾客一声带姓或带职位的问候，会令客人有十足的面子，心情随之舒畅起来。其次是表明对客人的看重：您在我们心目中绝非一般顾客，我们看重您的一切并随时恭候您的到来。最后是一种热情、融洽、喜庆的氛围。服务员与客人之间、客人与客人之间，都可通过服务员的引导来相互认识、交流。人在这种环境中进餐会心情舒畅、热情高涨，除消费豪爽、买单积极外，还会留下美好的印象，再来消费的概率也会大大增加。这就是熟记客人的目的。四是投顾客的喜好。只有投其所好，服务才能体现真正的意义。五是对待客人一视同仁。保持一视同仁的服务态度，熟客不会有意见，生客内心也很受用。极致的服务方式有很多，只要我们从客户的角度考虑，看他们需要哪些，再看我们能够帮助他们解决什么样的问题，就能持续提供给客户解决问题的方案。"

她最后说："淘汰的永远不是实体生意本身，而是落后的生意经营模式以及还在用落后生意经营模式经营今天生意的人。"

这些话给笔者很多启发。

第22讲

掌握会员五大消费特征,粘住会员并永久维系其忠诚

很多书店最困惑的问题是：书店升级改造后营造了相当舒适的阅读环境，但是书店业绩仍然上不去，不少读者在书店拍拍照片或是买本书就再也不来了，即便是书店做打折活动也并不能留下多少回头客。曾经有一位书店经理对笔者说："我们如此真诚地为读者服务，提供最好的空间条件，服务水平也提高了，但就是换不来读者的'忠诚'，是他们对书店不满意吗？"

其实，读者满意度与读者忠诚度是有区别的。读者满意度是读者对书店、图书、服务的满意程度，也是读者对书店的一种感受状态，并且在这种感受状态下更容易激发交易行为的发生。读者忠诚度则是从读者满意度的概念中引出来的概念，是受书店、图书及其他产品、服务特性或其他要素影响，读者在满意后对书店的信赖、维护和希望重复购买的一种心理倾向。要让读者对你的书店产生好感，形成依附性偏好，进而反复来书店。读者忠诚实际是一种读者行为的持续性，读者忠诚度指读者忠诚于你书店的程度。

企业越来越意识到客户忠诚的重要性，比如在酒店、航空这些行业你会发现：客户忠诚触手可及，甚至已经是一门独立的生意。那些忠诚的"老主顾"已经成为公司强大而稳定的财源，为公司创造的收入占公司全部运营收入的30%以上。美国经济学家赖克尔德和萨塞曾经对许多行业进行了长时间的观察分析。他们发现客户忠诚度在决定利润方面比市场份额更加重要。当客户忠诚度上升5个百分点时，利润上升的幅度将达到25%~85%。与此同时，企业为老顾客提供服务的成本却是逐年下降的。

提高读者忠诚度有4个策略：第一，建立读者数据库，增加与读者的沟通。其中有 3 个系统，一是核心读者识别系统，二是读者购买行为参考系统，三是读者退出管理系统。第二，为读者提供极致服务，用对读者的极致服务提升读者忠诚度。第三，构建合理的优惠与服务体系。第四，设计完善的会员体系和会员营销体系。会员制营销是打造读者忠诚度的核心策略。

在提升读者忠诚度方面，笔者在实际操盘中强调"贴近客户的心"，用"会员制营销"的手段来提供差别化的服务和精准服务，提升读者的黏性与购买频率，提高读者忠诚度。会员制营销其实就是数据库营销，是针对会员的消费轨迹、消费行为分析后做出的更为精细化、人性化的营销策略。只有通过精准采集、合理分析，才能制订出更有针对性的营销方案，才能保证会员的持续复购。

做好"会员制营销"，我们要进行会员五大消费特征分析：

一、会员交易时间分析

分析会员的交易时间主要分析两点：一是顾客交易时间是固定的还是随机的，比如一类会员是固定周末来店里消费，那这类会员就要重点维护。二是分析会员上次的购买时间，如果他喜欢我们店，那么购买后会再次复购或是分享给别人。

二、会员交易渠道分析

会员的交易渠道背后隐藏的是会员的消费喜好。作为实体书店，要想办法通过调研活动了解会员的消费喜好：会员是喜欢实体书店还是网购，喜欢在京东、当当还是淘宝或抖音上购书。对于网购者，我们要分析他们的消费喜好并抓住他们的痛点，用新颖的营销手段将他们吸引到实体书店来。同时，还要打通我们自己的网店和实体店会员数据，整合分析。

三、会员交易商品分析

交易商品分析是客户复购产品的决定性因素。对于书店而言，要掌握会员的购买图书信息：平时喜欢买的图书类型、喜欢的作者、喜欢的出版社、价格高低及图书开本等。应该说，书店会员购买图书的分析是会员营销的重中之重。另外，在复合式经营的今天，书店还要统计会员在多元产品上的购买情况，每次来消费的品类，比如咖啡、文创、餐饮等。

四、会员交易数量和金额分析

我们在分析会员消费特征的时候，交易数量是一个很重要的参考指标。交易金额的多少决定会员价值的高低和会员对产品需求的强烈程度。研究证实，会员每次消费得越多，会员越稳定、价值越高、流失率越低，会员后期价值贡献就越大。在分析交易金额的过程中，无形中判断了客户的消费实力和对产品需求的重视程度。对于这部分有消费能力的会员，要让他们持续贡献更高的价值。这些，在实体书店同样重要。

五、会员交易频次分析

交易频次透露出两方面信息：第一是体现读者在我们书店购买的习惯及忠诚度；第二是读者的消费实力。这个道理很简单，会员的消费频次是我们精准营销时判断会员价值与消费实力的核心。

以上5项会员消费特征分析是会员精准营销的基础。有了这5项分析，我们才能进行有的放矢的研究和制订会员营销计划。

2020年，日本茑屋书店开始落户中国，会员制同样是他们服务的重中之重。中国版的茑屋书店应用程序同步推出"会员卡"。中国的实体书店也有不少的成功案例，比如"大众书局"，它建立了完备稳固的会员体系，在江苏、上海各地，通过60家连锁店吸纳了140多万会员。这些会员买走了大众书局70%的图书。

其实，我们大多实体书店实行"会员制"。我们要经常反思会员制设计得好不好，执行得到不到位。这些对读者忠诚度有直接的影响。会员制的本质并不是一种销售方式，而是一种客户关系管理的理念、制度和方式。它是一种人与人或组织与组织之间进行沟通的媒介，是由某个组织发起并在该组织的管理运作下吸引客户自愿加入，目的是定期与会员联系，为他们提供具有较高感知价值的利益包。会员制营销目标则是通过与会员建立富有感情的关系，不断激发并提高他们的忠诚度。详细地说，会员制由会员标识、记录工具、会员福利3部分组成，实现的媒介以前一般是实体会员卡，现在则大多使用电子会员卡，比如设计成微信小程序。

腾讯 2016 年的会员数据报告显示："实惠""特权""更高质量的服务"是消费者办理会员卡的 3 个基本需求点。这同样是从会员的角度希望享受增值服务的需求。会员的利益是会员增值服务的出发点，那么对于读者而言，他们需要怎样实惠、特权、更高质量的服务呢？这是我们要研究的重中之重。笔者在设计书店会员增值服务计划时，一般会根据会员数据分析，从会员年消费金额、购买频次等几个要素"量体裁衣"，以会员独享的优惠来吸引他们。同时，策划节日会员增值服务，包括会员生日服务；策划会员独享的阅读服务，包括获得作者签名、优先参加讲座、参加会员聚会等；策划会员独享资讯服务；策划会员独享阅读环境服务，笔者设计的书店都有一两个优美舒适的阅读空间是留给会员读者的；策划会员售后服务，包括特别包装、送书上门、快递等服务；策划会员独享文创服务。

第23讲

基于读者数据的分析与门店管理

读者数据库建设是实体书店工作的重中之重，运用读者数据分析进行门店管理，是我们实体书店要下的功夫。尤其在当下的大数据时代，一个内容详尽、功能强大的读者数据库，是实体书店健康运营的重要基石。如果数据有问题，整个数据库系统就等于是无本之木，无法发挥应有的效用。

一位书店的门店经理朋友说："数据库不是我们的事呀，应该是计算机部门开发的。"这个思维是错误的，因为我们作为数据库营销部门，不仅要详细地提供数据库建设需求，还要会使用完善的会员数据系统。在现实中，笔者也发现过不少完善的会员数据库系统，书店却浪费了80%的功能，仅用于消费统计。在当下的"算法时代"，如果我们实体书店不在数据上跟进技术与运营，那么真的会再次失去竞争机会。

笔者是亚马逊中国的会员，每次在亚马逊网上浏览商品，晚上都会收到亚马逊发来的邮件，即笔者白天浏览过的商品的同类商品推荐。例如：笔者上午在亚马逊网上浏览过价格在8000元左右的几款不同品牌的耳机，晚上亚马逊就会通过邮箱推荐5款基本适合笔者消费要求的6000~10000元的品牌耳机，激发笔者购买的欲望。以后的几个月，它仍然会推送几款耳机的打折信息或是最新款耳机的发布信息。亚马逊的系统掌握了笔者的浏览轨迹和消费习惯，经过大数据分析与筛选后来实施会员营销计划，这对增强会员的黏性的作用是很大的。统计表明，亚马逊的会员留存率惊人，甚至会员服务成为亚马逊一门重要的生意。

这是一个典型的数据库营销案例。数据库营销是指通过收集、积累消费者的大量信息并进行处理，预测消费者购买某种产品的可能性，有针对性地推送营销信息，以达到说服消费者购买产品的目的。通过数据库的建立和分析，可以帮助企业准确了解用户信息，确定企业目标消费群，同时使企业促销工作更具有针对性，从而提高企业的营销效率。

因此，我们应清楚地认识到，建立和维护包含详细而准确会员信息的数据库是实体书店重要的战略武器。它在很大程度上决定了书店未来的成败。那么，书店的会员数据库建立及应用需要哪些流程呢？

1. 数据系统化。

会员数据除入会时的基本数据外，还包括消费活动和消费者行为数据，读者扫描二维码的数据，以及实体书店的淘宝网或是抖音的销售数据。

2. 数据存储。

以读者为基本单元，读者数据选项要设计得尽量详细。

3. 数据处理。

通过软件支持，构建围绕书店营销支持的详细数据库。在这一点上，书店营销人员的策划起主导作用，数据库开发人员只是用技术来实现。

4. 使用数据。

鉴定读者价值目标，提供各类服务，策划新的促销方式，推荐新品图书与其他产品，划分读者消费档次，制定不同类型的优惠策略，评估消费者品牌忠诚度以及通过微信等移动互联产品进行下一步的黏性营销。

5. 完善数据库。

通过各种营销活动，使读者数据库不断得到更新，从而及时反映读者的变化趋势，使读者数据库更适应数据库营销的需要。在此，笔者想强调建立客户数据库的过程中的数据库管理的安全性问题，书店应确保记录在计算机系统中的数据库安全地运行，如果这些数据意外损失或者外流，将给书店造成难以估量的损失。因此，书店需要加强安全管理，建立数据库专人管理和维护的机制。

还有一点相当重要：读者的数据必须是"活的"。第一个含义是有用的、活跃的会员，不能是沉在数据库里再也找不到的会员。第二个含义是"激活"，也就是说我们要把那些不活跃的读者从数据中找出来，针对他们研究促销方式或会员福利，刺激他们关注书店并产生实际购买力。

大家想想，如果一些以前的老读者不再光顾我们书店了，甚至一年多不来了，很可能这些常客已经默默地离我们而去了。其实，这种关系仍然有复合的可能，我们可以找出他们的资料进行分析，比如说：是不是读者的购买习惯改变了，因而到其他书店去了？是不是读者因为我们的服务态度不佳，以致某次愤愤离去，永远不再上门？是不是我们的图书结构有问题，空间和服务已经无法引起读者的购买欲望？是不是读者住址变更，搬到离我们比较远的地方或是离开这个城市了？这些都与我们的门店业绩有关，需要我们通过读者数据库去研究并制订一定的管理方案和营销方案，让老读者回头并发展新读者。

数据是我们书店随时掌握并研究的重要工作，进行数据分析的目的是为了发现问题和解决问题，销售数据具有客观性、可调整性、可传递分享性、时效性等特点，可以帮助我们挖掘数据背后的意义。销售数据的产生是基于实际情况。我们可以通过数据算出销售过程中可能发生的问题，再提出有针对性的解决方案。我们要每天看销售日报，每周看销售周报，每月看销售月报。报表能够系统地反映门店经营运作中存在的问题，也能让我们掌握最新的销售动态。

门店的销售数据分析有以下几个作用：

1. 有助于正确、快速地做出市场决策。

只有从销售数据中及时掌握读者需求情况及变化规律，才能根据读者对营销方案的反应，迅速调整图书和其他商品的组合及库存，改变促销策略，提高图书和其他商品的周转速度。

2. 有助于及时了解销售计划的执行结果。

详细全面的销售计划是我们经营成功的保证，而对销售计划执行结果的分析是调整销售计划、确保销售计划顺利实现的重要措施。通过对销售数据的分析，可以及时反映销售计划完成的情况，有助于帮助员工分析销售过程中存在的问题，为提高销售业绩及服务水平提供依据和对策。

3. 有助于提高企业运营的效率。

数据的管理与交流是门店正常运作的标志。缺少数据管理和交流，往往会导致经营失控。经理与柜组长，柜组长与员工，如果缺乏以数据为基础的交流，管理也是空洞的。就像我们常说的，要以数据说话。

那么，有哪些数据需要及时掌握并精准分析呢？

1. 了解常用的分析数据。

例如："达标率"可以用来分析门店销售任务的完成情况；"升降对比率"用来查看销售业绩是上升还是下降了；"销售金额"和"数量"能反映真实的销售情况，准确又具体；"进店率""进店成交率"的对比，还有"库存和周转率"，能体现进销平衡关系及存书供应能力。请大家注意：现在我们的书店大都是复合式经营，除销售图书外，还有咖啡饮品、文具、文创、餐饮甚至服装经营等项目，这些数据比我们图书的数据更商业化、更复杂，我们也要学会掌握。你可能会说：我们的咖啡业务是租给别人的。但是，你同样有权要求承租方提供每周和每月的数据，通过分析来了解咖啡饮品的经营情况。如果销售业绩不佳，能不能用门店的整合营销与图书相互拉动销售？如果经营不善，是否还续租？笔者曾经有一个案例：将咖啡饮品业务租给一个私营企业，但笔者的要求是他们的销售系统必须从笔者的书店内走。也就是说，

第五章 用书店极致服务打造读者忠诚度 207

笔者书店的销售系统中加上了他们咖啡饮品的销售数据。这样一来，每一笔数据笔者都很清楚，每天都能掌握他们的数据。

2. 审阅各项数据之间的关系。

报表中的数据都是相互对应的，我们需要审阅这些数据间的比例是否处于正常状态。比如说，我们通过数据发现动销品种太少，库存比例太大。比如说，当月1万人进店，最终达成销售的只有500人，其他人不仅不买图书，也不买其他产品。这些数据比率就有问题，要立刻找出问题所在。

3. 及时发现和解决问题。

进行数据分析就是为了找到销售过程中产生的问题。当你觉得数据有明显异常的时候，要将可能出现这种情况的原因一一列出来，最终找到导致问题的根源。发现问题的下一步就是解决问题。我们应当提出有针对性的解决办法，第一时间处理好问题。

放眼看其他行业，模式已经在不断迭代。2021年，星巴克利用数字化工具提升了经营效率，促进了复购。在获得客户方面，星巴克借助本地生活平台的流量，辐射更广的用户。星巴克啡快与专星送接入美团等生活平台，以及平台基于地理位置和门店特色的智能推荐，扩大了服务半径，提升了门店的坪效。在经营层面，星巴克的会员系统与美团到店和到家两大场景全面打通。用户通过外卖下单和到店消费，都可享受同等的会员权益。

星巴克的这个案例给了我们很多启发，我们切不可故步自封。

第 24 讲

满足精神需求,巧用"储值营销"

"大众书局"有140多万会员，采用的是收会员费制，用的是预付卡、储值卡。星巴克销售的礼品卡也是预付卡、储值卡。储值卡，顾名思义，需要先充值再消费。它既可以是芯片卡、磁条卡等实体形式，也可以是通过微信、支付宝卡包发行的电子储值卡等虚拟形式。星巴克靠"星礼卡"一年能躺赚 1.8 亿美元。茑屋书店以用户积分为基础，进行跨行业的积分兑换服务，跟其他的行业机构，如银行、餐饮、航空等公司的积分进行打通，最终使它的 T 积分成为一个跨行业通用的积分服务，相当于有了一个各个企业都认可的积分货币。

1. 提升用户忠诚度，长期"锁"住客户来店消费。

如果有多个商家供你选择，没卡的时候去哪里消费都一样，而在某家办理了储值卡，就基本不会去别家消费，因为一是储值卡内有余额，不用额外付款，二是消费可享优惠和增值服务。对于商家而言，储值营销通过简单的让利和增值服务就能实现顾客提前付款，从而吸引顾客长期在店消费，这无疑是如今性价比很高的营销手段。

2. 快速回笼资金，降低风险。

商家鼓励消费者办理预储值是实现快速回笼资金的最好方式，不仅能短期内把投资开店的大额资金收回，如果效果好，甚至可以通过预储值回笼的资金完成第二家店的资金筹备。简单地说，鼓励消费者办理储值卡的好处就是"免费占用资金"。

3. 提升用户消费频率。

给客户办理会员卡后，有利于培养其长期进店消费的习惯。

4. 沉淀余额，收获剩余纯利。

顾客办储值卡后，一部分人的卡内余额是花不完的。这些余额就是店内的沉淀余额。

下面是书店会员储值卡策划与运营的技巧：

1. 根据读者定位设计储值制度。

图书不是生活必需品，不是让利就会有人购买。因此，要筛选真正的读者会员，除让利外，可以分类设计会员制和储值制度，多提供精神层面的附加值。

2. 抓住会员的精神需求策划会名。

这一点是很多书店容易忽略的，"书香俱乐部""新华俱乐部""读者俱乐部"等会名不容易吸引读者兴趣。以果戈里书店为例，2014年，笔者为该书店的女性会员设计了专门的书友会制度，取名为"名媛书友会"，让每个入会的女性都有"名媛"的尊贵感和荣誉感，契合果戈里书店当时的宗旨——"打造新时代的精神贵族"。

3. 会员实体卡面的设计一定要精美。

卡片不用要太多亮点，要做到有画龙点睛的地方，吸引顾客的眼球。

4. 设计好储值入门规则，直观地体现储值的优势。

储值额的起点要根据消费人群等因素设计，折扣、积分、返利、会员服务等要一目了然，让储值用户感到实实在在的优惠。

5. 让会员活动更多元。

简单地说，就是设计一环套一环的会员优惠体系，多组织丰富的会员专属活动。

6. 优化储值卡的使用体验。

有些会员储值计划实施得不顺利，需要找到问题所在，然后不断改善。好的会员体验直接决定会员将来继续储值，以及向身边人推荐门店。

7. 确保在读者充值或消费时给读者发送短信或者微信提醒，使读者安心消费。

现在最好的做法是实体卡和微信捆绑，不仅有消费提醒，还可以整合公众号、视频号的资源，为会员提供增值服务。

最后，不得不提"会员制商店"。这是当下中国零售行业的一个趋势，值得实体书店尤其是跨界经营的大中型实体书店高度重视，积极研究其商业模式并借鉴。2021年，"会员店"成为热词。山姆会员商店预计到2022年底将达到40~45家。开市客未来两年将在10多个城市陆续落地新店。麦德龙在2021年接近尾声之际，在10个城市连开18家会员店，2022年还将陆续把在中国的80多家门店改造成会员店。盒马X会员店、家乐福会员店、永辉仓储店、FUDI生鲜、华联、人人乐等会员门店纷纷落地。特别是盒马X会员店，自第一家会员店在上海开业，仅两个月，盒马宣布该店实现盈利。截至2021年底，国内盒马X会员店已有7家。有分析指出，会员店在国内会成为一种主流业态。

会员店向会员收取年费，仓储会员店只对会员开放。以山姆会员商店为例，每年交纳260元会员费成为普通会员才可以在店内购物。麦德龙的会员费为每年199元。中国消费者此前没有交纳会员费的习惯，不过随着人均收入水平的显著提升，居民对生活品质的需求也水涨船高。波士顿咨询报告显示：中国拥有6700万的中高收入家庭。这些家庭正是会员店的消费群体。

《零售商业评论》认为，会员制模式具有一定排他性，消费者先入为主地选择某家会员店后，选择其他商店的概率会低很多。

做个好书店

BOOKSTORE

OPERATING A GOOD BOOKSTORE

第六章

以『终端是金』为原则创新线上线下融合营销模式

做好终端销售是书店的基础工作，要具备"临门一脚"的功夫。当下，优秀的终端销售应是线上线下融合营销的模式。

第 25 讲

提升门店销售力的9个促销策划技巧

不少人说自己在实体书店活动策划上花了很多的气力，但是经常效果不佳，最直接的表现就是活动后销售额不如人意。笔者形容这种情况是"临门一脚的功夫不够"。"临门一脚功夫"其实是指"销售促进"技术。

"销售促进"并不是新概念，国际营销大师科特勒在1988年对销售促进所作的定义是：销售促进是刺激消费者或中间商迅速或大量购买某一特定产品的销售手段，包括各种短期促销工具。销售促进被视为与人员推销、广告、公共关系并列的四大基本促销手段，是构成促销组合的促销工具。在移动互联网营销时代，各种营销概念层出不穷，"销售促进"仍是实体书店行之有效的基本技能。销售促进在国外是营销中使用最广的争夺市场的利剑，往往是一个比广告运作更普遍、投入更多的市场拓展工具，在经济不景气的阶段更是如此。

笔者比较反对简单的图书打折销售策略。策划打折是门艺术。举个例子，有一本学生用辞典，价格是100元，内容质量很好，不比某常销的同类辞典差。如果书店单纯以8折销售来促销，可能并不会有很明显的促销效果。笔者的销售促进策划建议是这样的：第一，将这本辞典的特色列出来，向读者展示这本辞典。第二，精选一款学生必备的文具，假设价格是30元，成本为10元。促销方法为：学生买这本辞典为100元，可加1元换购价值为30元的文具一件，加送奖券一张；奖券使用条件为下次再次购买除此辞典外的教辅用书时，满100元抵20元。这样策划比直接打折有效得多。在此，把书店常用的销售促进技巧提供给大家，帮助大家提升书店销售力。

一、利用赠品营销，瞬间提升成交率

赠品营销往往比简单的打折营销有效。顾客购买商品时获得赠品，提升了商品整体的价值感。经常打折降价，不但会对利润产生影响，陷入无休止的价格战，还会影响品牌在消费者心目中的形象。2021年，某应用程序出现图书无底线打折直播，使大量用户误认为图书价格就应该是"白菜价"，这对出版社和实体书店非常不利。在赠品营销中，消费者会用市场价来衡量你的赠品而非成本，因此会感觉得到实实在在的优惠。赠品营销能起到"低成本，高价值"的作用，提升成交率、复购率，提高顾客满意度。

书店策划开学季教辅销售活动时，可将文具作为赠品营销的工具。买一套某年级的教辅图书，赠送一个书包。购满一定数量或金额的教辅图书，赠送文具盒、钢笔、本子等。社科类图书做营销时，购买一定数量的图书赠送书店定制的帆布包。这样的策略既使图书免于价格战，又让读者感觉增值。

实体书店做赠品促销有6个原则：

1. 促销用的赠品与所销售的图书产品相关、互补或者是能引起购买者的兴趣。

这正如我们买手机，针对一些低端的手机，一些商家赠送数据线、手机膜、手机支架等小商品；针对一些高端的手机，一些商家则赠送充电宝、蓝牙音响或蓝牙耳机等。童书类图书的促销赠品可以是与图书主题相关的玩具、儿童绘画工具、卡通抱枕等。

2. 赠品与读者阅读取向及消费行为相结合。

要研究不同读者的阅读需求，以及他们的消费行为和购物喜好。比如，跨界经营的实体书店销售高价的作家类文创产品时，可以把《生死疲劳》一书作为赠品，这样的赠品与文创产品相关，且迎合市场潮流。不同类型消费者喜爱的东西不一样，要投其所好。

3. 赠品应低成本、高价值。

这里提到了两个关键词：低成本和高价值。低成本不难理解，如果赠品的成本太高，会影响书店的利润空间。高价值的关键是，赠品一定要对客户而言是非常有价值的，并且应该让客户感知到赠品的价值。

4. 赠品应对产品销售有促进的作用。

在消费者认同产品，但是否购买仍犹豫不决时，赠品起到"临门一脚"的作用。因此，赠品的选择一定要多花心思。

5. 赠品应控制成本。

研究赠品时必须注意控制成本，在做赠品促销策划时一定要根据用途、数量、预期效果等进行成本预算。如果赠品的反响很好，但成本过高或超出了预算都不可取，因为这样的赠品开发是得不偿失与不可持续的。书店可以根据不同的促销场景，策划专属的不同成本与规格的赠品。

6. 赠品要经常变换。

实体书店如果把赠品促销作为一个长期的销售促进策略，赠品就应该经常变换，尤其是针对多次消费的顾客，赠品可以花样多一些，不断给顾客带来惊喜。

二、"竞赛"是比较实用的图书促销工具

提到竞赛，实体书店一般想到的是知识竞赛。很多书店组织过知识竞赛，如"国学知识竞赛""海洋知识大赛"等。这些竞赛对提升书店品牌起到较好的促进作用。但是，书店组织开展竞赛时往往只将其作为内容传播或技能竞赛的活动，没将"竞赛"作为促销工具，因此竞赛对促进销售效果不明显。

笔者 20 年前就曾策划过书店内元宵节灯谜竞赛，比较好地达到促进销售的目的。操作方法如下：购买图书满 50 元即可参加灯谜竞赛，答对者赠送书签等小礼物，并获得一张 20 元图书抵金券（条件是购满 100 元才可使用一张抵金券）。用券消费超过 130 元再增加一次参加灯谜竞赛的机会。

竞赛促销就是企业鼓励消费者参加与经营的商品有关的竞赛活动，消费者解决某一特定问题，即可根据比赛成绩领取奖品、奖金。竞赛促销利用人的好胜、竞争、侥幸和追求刺激等心理，通过举办竞赛、抽奖等富有趣味的促销活动，吸引消费者、经销商或销售人员的参与兴趣，提高销售量。

竞赛促销一般有 4 种形式：

1. 有奖征集活动。

这个策略书店运用得比较多，如公开向读者征集广告标语、图书评论，甚至设计图书宣传方案等。某书店策划征集当地作家某本小说

的书评，设置的奖金额度较大，前提是必须从本店购买这本小说才有资格参加大赛，这样的促销效果就会很好。书店还可以将获奖作品通过公共媒体和自媒体发布，再次拉动这本小说的销售。

2. 游戏竞赛。

这类比赛一般运用在儿童图书区域，即根据某种游戏设计现场活动，引导孩子们完成游戏，在游戏过程中根据难度梯度设计不同的奖品，一般以绘本为奖品。这种方式不仅可以聚集人气，而且可以拉动相关图书的销售。

3. 消费竞赛。

消费竞赛活动主要有两种做法：一是定量竞赛法，即在特定场所和特定时间，要求消费者在限定时间内购买既定数量的商品，达到指标即可获奖；二是相对竞赛法，即在限定时间内，比较消费者的实际消费量，从大到小排列消费量，数量最大者为最高奖的获得者，其他依次类推。这个策略商场用得比较多，书店同样可以使用。比如：在节假日，书店每天晚上统计全场消费最高的读者并排名，第二天公布在店堂以及书店的微信公众号上，并通过短信和微信通知获奖者，奖品可以为某本图书或代金券。但要注意，这类活动不能用"消费竞赛"的说法来宣传，可以用"最佳爱书者""最佳读者"等标语来代替。

4. 文化类竞赛。

这种竞赛有很多种，如"朗诵比赛""演讲比赛""读后感比赛""知识竞赛"等。这种竞赛应成为书店常规的竞赛活动。这类活动一定要和具体图书或主题挂钩，以提高某本或某类图书的销售量。书店举办朗诵比赛，可以指定某本图书。比如：笔者针对《人世间》这本小说设计比赛，所有参与者必须购买和阅读《人世间》，并选择自己最喜欢的某个章节，在规定时间内朗诵完，最后评比。这样，不仅对小说本身起到宣传作用，还可以拉动小说的销售。同样，举办"知识竞赛"时，不要做泛泛的知识竞赛，而是指定某本书的内容进行比赛。比如：为促销《敦煌》一书举行知识竞赛时，所有的竞赛题目是基于这本书设计的。

现在，书店的竞赛促销可以策划成线上线下结合的形式，从而使活动更丰富多彩。然而，这也对竞赛促销的策划提出了新要求。竞赛活动规则的设计，活动日期，评选方法，参赛条件，奖品的等级、形式、发放时间、赠送方式等要科学、精准。竞赛活动应该突出趣味性、游戏性，活动内容难度适中，奖金的额度比较大，才能具有吸引力。

三、策划高效的优惠券

优惠券是个古老而又实用的促销工具，现在无论是线上还是线下店使用的频率都比较高。优惠券是一种能短期刺激消费的工具。优惠券按照介质可以分纸质优惠券、电子优惠券，按照使用门槛可分为现金券、满减券、折扣券、特价券、换购券，按照适用范围可分为单品券、品类券、品牌券、礼品券、通用券，按照发放的主体可分为平台优惠券和店铺优惠券。

优惠券类促销有以下好处：第一，优惠券有利于拉动消费者二次进店消费。第二，优惠券更容易让消费者产生"实惠"的感觉。第三，优惠券可以作为活动信息的载体。纸质或是电子优惠券其实是活动广告的载体，可以向读者宣传店铺的促销活动，可以传播书店想重点宣传的某类图书的信息。第四，促使消费者购买更多的商品。

当然，优惠券不仅仅是简单的一张纸或电子券，在呈现形式上要有创新。有一年年末，笔者为某书店设计了一本桌面小台历，每张月历上都有两张 7.5 折的图书优惠券，一本台历中共有 24 张优惠券。优惠券的使用规则是每购满 100 元图书可使用一张，每月可用两张。当时的促销办法是读者购物满 100 元就可免费获赠一本台历，消费不足百元加 10 元钱即可获得一本台历。这一方法吸引了不少读者。后来，笔者还设计过手账式优惠券，优惠券是印在手账中的，每月有两张。手账的价格并不低，但购买者相当多，而且有的读者一买就是几本。这样设计的营销逻辑是赋予优惠券价值，让读者意识到书店的优惠券不是随意就可以得到的。这样一来，读者会更加珍惜每月两张的优惠券。

并不是所有的优惠券都能激发消费者的兴趣，有的优惠券使用率很高，有的则反之。那么，如何借助运营手段来提高优惠券的使用率呢？笔者有以下 3 点建议：

1. 优惠券要设计得有吸引力。

优惠券上的内容包括名称、类型、面值、使用条件、使用平台、有效时间、适用范围等。有两个细节要注意：一是设置优惠券的有效期，一次性使用的优惠券有效期一般不要太长，如笔者做的台历上的优惠券是以月为有效期，过期则须用下月的券。二是优惠折扣要有吸引力，可以以图书的 6~8 折这个力度来设置。

2. 优惠券的触达方式要精准并有创意。

想要提高优惠券使用率,触达用户的方式要精准并有创意。利用手账加优惠券就是一种创意。纸质优惠券、应用程序优惠券、微信优惠券,都是可以根据读者使用率而选择的方式。

3. 优惠券针对目标读者要精细化运营。

优惠券的策划不能仅粗放地设计成"折扣",而是要根据不同种类的优惠券及不同层次的读者进行精细化运营管理。比如:针对白领女性读者、老师、中老年读者,设计的优惠券应体现出不同。同时,发放优惠券后还要注意后续跟踪,确保优惠券的使用率。比如:优惠券有效期前,如果能用微信或短信的方式提醒读者来书店使用,会收到比较好的效果,有效地防止潜在消费者的流失。

四、多业态复合型书店最适合运用联合促销技术

联合促销是指两个以上的企业或品牌合作开展促销活动。这种做法的最大好处是可以使联合体内的各成员以较少费用获得较好的促销效果。比如:将机器人主题的儿童玩具和儿童图书联合促销,将一套儿童机器人玩具和一本有关机器人的儿童图书重新包装后销售,价格只标注玩具的价格,图书免费附赠。其实这种促销方式很容易懂,但是效果相当不错。因为机器人玩具中附赠了一本图书,孩子既有玩的又有看的,这套机器人玩具销量成倍增长,同时机器人主题的儿童图书销量也有可能借此提高。这里还有个技巧,就是机器人图书是一个系列,笔者策划只赠送了一册,孩子们回家翻阅后,如果感兴趣,自然会让家长买全套的。

根据这个思路，图书与文创产品、教辅与文具、图书与美食及咖啡、图书与旅行产品都可以进行联合促销，还可以跨出书店去联合其他商家，如与快餐品牌合作、与家用电器的品牌方合作等。多业态综合型的中大型书店最适合用"联合促销"。

书店运用联合促销应注意以下 3 点：

1. 关联性。

进行联合促销的两个品牌必须是具有一定关联性的品牌。这个关联性可以是品类上的、功能上的也可以是作用上的等。切忌将两个完全没有关联的品牌撮合在一起进行联合促销。

2. 可操作性。

所策划的品类之间的联合要易于操作，必须考虑促销活动是否符合读者的消费行为和习惯、促销环节是否容易实施等。比如：笔者曾策划某书店与肯德基的合作营销，因为该书店隔壁就是肯德基，地理位置上十分方便。

3. 可持续性。

联合促销是合两个或多个品牌的力量共同进行的促销。要想取得比较理想的效果，必须要注意联合促销方案的可持续性。在实际操作中，可以通过适当延长整个联合促销的时间，并通过在整个促销过程中策划多个主题，将整个联合促销结合起来，使联合促销效果最大化。

五、限时促销，让你在书店也能创造"双十一"

"双十一"期间，商家使用了多种营销方式，如饥饿营销、隐性营销、事件营销、广告营销、活动营销等，效果可以用"疯狂"来形容。不过，从整个活动的本质而言，"双十一"活动还是属于"限时促销"。这种限时抢购，是在指定时间以特别优惠的价格售卖商品。除网店外，很多超市也运用这种促销手段。限时抢购这种促销手段非常适合中国的零售行业，因为它紧紧地抓住了消费者低价囤货的心理特点，通过超低的价格和抢眼的实施手段强烈地刺激消费者的感官，营造出一种热闹的购物氛围，进而拉动销售量。

日本有一个"限时特卖"案例给笔者的印象很深。日本有一家大商场平时上午10时才开门，但有时会提早2个小时，实行"限时特价"。在此期间，商品价格十分优惠，2小时过后再由营业员将价格改成日常的零售价。这一举措使平时上午人流稀少的商场中的顾客流量大幅增加。不久，这家商场成了当地商场中的领头羊。书店其实也有这样的案例，如开业那天限时大幅度降价售卖图书，以拉动当天来书店的客流量。

2011年的"世界读书日"，浙江新华书店曾策划过"猜不到的神马时间，看得到的给力折扣"限时抢购活动，全省新华书店的卖场及博库书城旗下的各门店统一行动，统一促销，每周80~90种新书、畅销书、重点书都以6折出售。活动持续5周，每周推出一个系列，共计400余种精品图书回馈读者。济南市新华书店也曾在"世界读书日"做过限时促销，即"4.23世界读书日　书店狂欢节——图书限时打折活动"。活动当天，09：00—17：59期间，图书一律9折销售；18：00—19：59期间，图书一律8折销售；20：00—22：00期间，图书一律7.5折销售。这种促销已经细化为分时促销，时间不一，价格不一。笔者曾为牡丹江新华书店策划午夜促销。书店最下面一层设为午夜书房，营业到晚上12点。为了吸引人气，午夜书房会为每天能坚持在书店阅读到晚上12点的读者赠送一份小点心，读者在购买书店内销售的面包时享受五折优惠。

从限时促销技术上看，要掌握5点以确保促销效果：

1. 图书和相关产品的选择要科学。

限时促销可以选择单本图书、品类图书、整店图书进行促销。书店要考虑哪些图书或是产品适合限时促销，哪些可以组合促销。

2. 促销时间和折扣策划是重中之重。

什么时候适合做限时促销？多长的活动时间能够达到最好的促销效果？不同类的图书应用怎样的折扣？比如：限时促销可以选择节假日、周末，或是与全民阅读有关的日子作为活动时间。恰当的促销时间和折扣力度是活动成功的重要保证。

3. 做好前期宣传推广是成功的关键。

在进行活动之前，一定要充分利用各个渠道做好宣传推广。比如：发信息给老年读者；利用短信、微信、抖音广而告之；在车站、门店显眼位置投放广告进行宣传……这些前期推广工作做得越好，为书店带来的收益也就越高。

4. 在书店卖场内营造限时促销的氛围。

无论是限时促销的宣传广告,还是图书或其他商品的陈列,都应营造出强烈的限时促销氛围。

5. 借促销活动做好读者资源管理和延伸服务。

书店举办促销活动时,会迎来很多读者朋友,他们是书店的贵客。我们要争取吸纳他们成为书店 VIP 会员,给予相应的会员等级优惠,力争让他们在以后成为我们的忠实客户!

六、书店假日营销的 7 个要点

假日营销是书店常用的营销手段,营销形式可谓丰富多样。假日营销主要以假日消费心理、消费方式、消费趋势为依据,将假日意识贯穿整个营销过程的各个环节,以最好地满足读者假日需求为目的,充分把握好假日商机。

掌握假日营销的 7 个基本要点,可以让书店做得更好:

1. 明确假日营销目标。

营销必须有针对性,分清主次。针对读者的假日营销活动,主要思路是分析读者对不同类图书的喜好程度、对促销办法的接受程度、对竞争书店的态度及读者的假日消费行为,从而确定营销目标。假日营销活动必须有量化的指标,才能达到考核、控制、计划等目的。

2. 突出营销主题。

营销活动要想给读者耳目一新的感觉,就必须有一个好的营销主题。假日营销主题的设计有几个基本要求:一要有冲击力,让读者看后记忆深刻;二要有吸引力,让读者产生兴趣;三要主题词简短易记。我们一定不能总是简单地使用如"庆六一儿童节图书优惠展销""秋韵·书香"等看似明确但缺少营销内涵的主题词,因为这是无法有效吸引读者的。

3. 策划最佳营销时间。

大家可能会问,假日营销的时间就是假日期间,还有什么最佳时间段吗?笔者举个例子:"十一"假期有7天,重点的营销应安排在哪几天?哪几天书店里的人流量最大?虽然各地可能有着不同的情况,但通过研究,我们发现"十一"假期最佳的营销时间常常是在假期的"一头一尾"。

4. 要重视读者心理研究。

假日营销的形式多种多样,但是很多营销形式并不能引起读者的兴趣,原因是我们并没有考虑读者的不同心理。营销只有迎合读者的心理才能达到预期效果。

5. 创意营销是灵魂。

假日营销必然不同于平时的促销,如营销的主题、形式、内容都应有所不同,这样才能让读者觉得机会难得,必须抓住。我们必须认识到营销细节的创新是有较大的创意空间的,创意营销是吸引读者的关键,尤其是创意文化营销。

6. 内部营销培训是成功的基础。

做好假日营销，除事先准备充分之外，门店人员的营销培训是重中之重。营销人员必须经过多种培训指导，如营销技巧、营销政策、营销方案、营销礼仪等。

7. 节日营销要与节假日文化相结合。

节假日营销的重点之一是营造与节假日相关的卖场氛围。良好的卖场氛围会激起读者的购买欲，增加读者购买的决心。卖场的氛围受POP广告、陈列、色彩等综合因素的影响。

七、创意事件营销能起到"四两拨千斤"的功效

事件营销在广义上是指企业通过策划、组织和利用具有新闻价值、社会影响或名人效应的人物或事件，吸引媒体、社会团体和消费者的兴趣与关注，以求提高企业或产品的知名度、美誉度，树立良好品牌形象，并最终促成产品或服务的销售手段和方式。在互联网时代，事件营销则是通过制造或者借助大众喜欢热议和传播的事件或话题作为载体，来达到自己预期设定的营销目的。事件营销主要利用了网络媒体传播快速、公众互动参与的门槛与成本双低的便利。它可以利用公众的各种需求，如娱乐需求、观战心态、情感释放等，挖掘公众的深层心理需求，甚至把这种需求清晰地用产品与服务的方式呈现出来，目的就是利用最短的时间、最低的成本制造强大的影响力，使营销在当地和互联网上传播。事件营销的优势：一是低成本甚至零成本的大量宣传。二是传播速度快，可以在很短的时间内，使你的店和产品在当地及互联网上迅速传播。三是能迅速提升品牌影响力。

2021年12月12日是上海书城福州路店暂别前营业的最后一天，同时也是上海书城的23岁生日。上海书城策划的"狂欢6小时"活动成了一场影响力很大的文化事件。书城从12月12日下午3点开始持续至当晚营业结束时间，整整6个小时陆续呈现学生英文戏剧表演、"童趣里的国学"、《外婆和她的房子》新书发布会、"书香为伴，琴意深深"音乐会及混子哥与馒头大师联合签售会、上海故事第28期"我与上海书城"系列活动之"那些年，我们工作在上海书城"等一系列活动。上海书城福州路店此次的活动全程以丰富多元的文化活动内容营造快乐、欢聚的气氛，展现出上海书城的历史性转折时刻，在与读者一起狂欢的6个小时中回顾过去、展望未来。

台湾诚品书店也有一个经典营销案例，就是利用搬迁造势而创造事件。1995年9月23日，诚品敦南店为搬迁策划了主题活动："喜新念旧、移馆别恋——今夜不打烊"。其中一篇文案是"请不要在晚上9点前离开，诚品敦南店想和您守夜到清晨。一点点失恋失眠、一点点宿醉半醒、一点点回忆和期待，红砖道上有戏有朋友，舞场和灯光，音乐与啤酒，我们，今晚都不寂寞"。这一活动立即引起读者的关注。接下来的营销是自下午起邀请一系列小团体进行现场表演，晚上时读者可在此跳舞、喝啤酒……一整日书店涌进大批读者排队抢购图书，当日开出了6000张发票，业绩高达约300万元。一次小小的搬迁制造了不小的文化事件，有情怀，有活动，有业绩。

事件营销有4个基本特点：

1. 传播快。

在当下的短视频时代，事件营销即时性强，传播速度快，能短时间内聚集人气，可以迅速传播开来成为热点话题。

2. 辐射广。

在媒体多元化的背景下，一个热点话题会吸引诸多公众参与讨论、分享、再创作，经过多平台裂变式传播后，一个热点事件能快速辐射众多的人群。

3. 互动性强。

借助互联网社交平台，一个热点文化事件，甚至是几句走心的文案，能触动读者并被相互转发，会形成读者们再创作、再传播的效应，这些都有助于密集地提高营销效果和品牌曝光率。

4. 效果显著。

有趣优质的营销内容容易形成口碑效应，在短时间内达到爆发性增长效果。这些热点都可以快速给品牌带来很大的曝光率。

关于书店策划文化事件营销，笔者认为有两个不可忽视的要素：第一，事件营销所要制造的话题要有足够的"话题力"。这种话题力指的是创新性、新闻性、文化性，也就是说能利用公众的心理和需求制造出话题。第二，事件营销所要制造的话题要简洁明快、易于传播。事件要能抓住痛点，容易被人记住，容易传播，容易成为热点话题。

八、抓住消费行为和心理的儿童图书营销 5 要素

2015 年，笔者曾策划过儿童书店免费寄托儿童的活动，即帮助逛

商场的家长将孩子免费寄托在儿童书店中，由专业的老师和书店员工看护孩子并讲绘本给孩子听，将优秀的绘本故事植入孩子心中，引导孩子对阅读产生兴趣，等家长来接孩子时，孩子便闹着要购书回家让家长继续讲。这种营销是无形的，比儿童图书打折的促销手段高级了许多。现在，全国大多数实体书店中儿童图书营销活动是最为丰富多样的，有很多的成功案例。在实体书店儿童图书营销中，要抓好5个基础的营销要素：

1. 既懂书又爱孩子的促销人员是第一位。

懂书不是难事，爱孩子并持久地爱，甚至像爱自己的弟弟、妹妹或是儿女那样地爱则并不容易。笔者要求儿童图书区的工作人员要蹲下来与小读者交流，不允许说"你自己去找"之类的话，要从心理上拉近与小读者的距离。还要能运用有童心、有童趣的沟通技巧，给小读者及家长留下愉悦感、亲切感，这样一来再推荐图书会更容易让家长和孩子接受。懂书则是指熟悉每一本儿童图书，同时能知道怎样有针对性地将书推荐给家长和孩子，这个也很关键。

2. 实体书店儿童图书区域的场景感营造是成功营销的基础。

实体书店儿童图书区域的场景感相当重要，但要强调的是，场景感不是用"美"来衡量的，而是用"童趣"和"体验性"来定位，所以在设计儿童图书区域场景感时要注重"有温度和童趣的阅读体验场景"。

3. 强化针对年轻父母的营销。

年轻的父母是一群充满活力的消费群体，他们的消费行为、对场景体验的要求、对儿童图书选择的偏好都需要我们加强研究，比如超前消费习惯、喜新厌旧心理、炫耀心理等，这是我们书店要补的课。只有研究并掌握之后，我们才能根据他们的消费特点来策划营销策略。

4. 创儿童图书营销品牌活动，让营销效能持久化。

优秀的儿童图书营销不是只求暂时的销量的提高，而应是有黏性的品牌营销活动，比如说品牌亲子阅读活动、亲子故事会、童书分享会，要取一个朗朗上口、耳熟能详的名字，使孩子们记住并喜爱。这种儿童图书品牌活动，书店不仅仅要举办，而且要长期举办并保证质量，同时要用多种渠道和形式不断地进行宣传。

5. 线上线下融合使书店儿童图书营销更有张力。

儿童图书营销活动可以线上线下同时开展，比如说在实体书店中开展儿童图书营销直播活动，吸引家长带孩子来实体书店体验及购买，这是儿童图书最直接、最直观的营销手段。

九、开拓门店周边企事业单位和团体的图书营销及服务

杭州晓风书屋是一个十分有开拓精神的优秀民营书店，现有门店10多家，共分为5种类型。第一类书店是社区书店；第二类书店是博物馆书店，比如将书店开进了良渚博物馆和中国丝绸博物馆；第三类书店是医院书店，此类书店迅速成为"网红书店"；第四类书店是校园书店，在浙江大学和杭州师范大学开设；第五类书店是景区书店，开在了杭州百年老饭店新新饭店里。晓风书店的成功在于其魄力和格

局,以及优秀的经营管理能力,但最关键的是书店经营者的开拓性思维,能分析各类细分市场,以开店的方式占领市场。

当然,我们现在所管理的书店,也许不一定有能力和资金去各个细分市场开实体店,但是我们可以用开拓性思维去思考:能不能变"坐商"为"行商",走出书店,为周边的企事业单位服务?青岛栈桥书店坐落于海边,图书产品主要是人文社科类、少儿类、旅游类图书。在开业后不久,该书店就派专人对周边企事业单位进行走访并拓展店外销售渠道。其一,是将客户以团体的方式吸引到书店内。比如:周边的银行将栈桥书店作为员工阅读和银行大客户推广会的最佳地,用此方法吸引和维护单位客户。其二,吸引团购。在国营书店的传统业务中,有一个门店拓展市场项目的部门,叫"对公服务部"。该部门专业提供本地各企事业单位员工的图书服务,尤其是政治读物,企事业单位的图书室或是资料馆的图书也由门店专人或是专业部门负责。该部门积累着企事业单位的人脉,每年的销售业绩成为门店不可或缺的一部分。笔者认为,这种"对公服务"业务一定要开拓,要成为书店门店的增长点,并要通过一定的营销技术和服务技巧去维护好。

传统的"对公服务"要做好,它毕竟是一个比较稳定的市场,只是营销难度比以前大,要精心定位与运营。还有一个就是店外的"团购"市场也要抓住。当下,团购一词已经"深入人心"。例如:在老年大学的绘画班、摄影班等可开展团购活动。我们可以请授课教师进行推介,并以优惠价格吸引学员,促使全班购买。我们还可以在书店内组织老年绘画和摄影讲座,或在书店内为他们举办绘画和摄影作品展览,以巩固、维系和他们的关系。团购的好处是可以对一定数量的读者进行集中销售与推介，可以视为直销，使我们可以有效地把被动性销售转变为主动性销售，更好地实现专业推介。同时，成熟的团购营销能产生一种相互带动的"趋众"消费的"场效应"。

做好店外周边企事业单位和团体的图书营销及服务，需要注意以下几点：

1. 要将其列入门店的销售计划并有明确考核要求。

其一，面对企事业单位、团体的营销和团购要分片区由专人负责；其二，全员营销，每个员工都有店外销售任务指标，聚起每位员工的能量。

2. 分析需求，明确销售和服务定位。

比如：企事业单位的需求一是政治读物的到货及时和数量保证，二是满足业务学习的需求，三是满足员工阅读的需求，如充实职工图书室等。对他们的服务要及时、准确，当然，有的单位也会有折扣的要求，对此应尽量满足。

3. 集中优势力量，打社团以及目标人群的重点营销仗。

面对目标客户，我们需要收集信息、了解和分析需求。笔者认为，现在的一些社会团体、老年大学是团购活动的重点客户，还有一些自发组织的团体，如旗袍协会、老年合唱团等，各类培训班也是我们需要开拓的目标市场。

4. 提供阅读服务和顾问式营销。

严格地说，阅读服务是我们开拓和维护企事业单位客户的利器，如为客户单位提供阅读讲座的资源、请名家去做读书讲座、为单位客户提供员工阅读空间设计方案、帮助单位客户做图书馆管理指导等。

5. 借势关联行业，开辟新客户。

通过维护和服务企事业单位客户，开拓他们的关系行业，创造新的客户开拓机会。

6. 运用"企业会员制"营销。

这类营销对技术性要求很高：其一，通过企业会员制，为企业员工提供从图书资讯、量身筛选、购买到配送的一站式个性化的图书服务；其二，要有精准的数据库并有专职人员跟进，打造专业的图书分析平台，提供最大阅读价值；其三，提供高端资源分享服务是企业会员制黏度营销的最佳工具，即能为企业提供图书以外的价值，如为企业组织企业论坛或为企业邀请相关的专家开展讲座等。

第 26 讲

策划书店活动与完美实施的10个细节

笔者曾仔细研究过很多书店的活动,有很多活动充满创意。但与其他行业的活动比起来,总感觉有一些差距,最关键的问题是书店的很多活动常常流于形式,效果不佳。笔者常客气地说"活动骨感而不丰满"。我曾问一家大型书店的活动策划人员:"你们有上个月的活动的跟踪数据吗?"他说挺好呀,很多媒体都报道了,也有许多读者参与。我问他做活动时来了多少读者,活动后销售额提升了多少。他能说出参加活动的读者人数,但对销售提升数据毫无概念。最后,我问他书店有没有年度营销活动策划及季度和月度活动策划。他回答说,只有年度策划。我看后,发现他们的年度活动策划内容是那种空洞的、无法落地的方案。说到底,书店活动效果不佳的原因之一,是缺乏具有专业策划能力的策划人才。

组织策划书店活动,最重要的是策划案。一项活动有没有创意及能否成功,看策划案就能知道个大概。平庸的策划案只能做出平庸的活动。书店的活动策划容易出现的问题有两方面:其一,内容大而空。不少书店的策划案乍一看很不错,但仔细一琢磨,却漏洞百出,很多假大空的设想都落不了地。好的策划案会深化某个精彩亮点,再以点带面,全线激活。其二,缺乏创意。这是很多活动策划案流于形式的根本原因,也就是说策划案没有让人眼前一亮的感觉,无法激起参与的欲望。

有没有好的策划案,关键是有没有好的策划人员。我们对书店策划人员有 5 个要求:

1. 会写作。

策划人要有较高的方案写作能力,擅长宣传文案、活动策划、活动报告等各类文案的写作，有创意写作能力者为最佳，而书店最缺的是优秀的广告文案策划者。比如，诚品书店这一品牌的成功，离不开一个人——李欣频。李欣频最广为流传的文案代表作是《诚品副作用》，其中的文案被许多广告人和书店人奉为经典。我们书店缺少大量的类似人才。

2. 会测算。

策划人要有基本的测算能力，要对活动考评指标、预算及投入产出、效果的技术性考量、结果报告等数据有一定的把握。

3. 会观察。

策划人要有细致、准确的洞察力，要精于做市场调查和读者调查，使活动策划符合市场需求。

4. 会组织。

策划人要善于以最优的方法调配可投入活动的人力、物力资源，确保活动顺利开展。在这一点上，书店常将策划与组织脱节，策划的人不会组织活动，甚至无权组织活动，这很不利于活动的开展。

5. 会公关。

策划人要有过硬的公关能力。合适的公关策略可以扩大活动影响力，比如借助媒体造势等。网络公关也是现今的公关重点。

最后，策划人必须有丰富的多学科的知识，如心理学、营销学、广告学、传播学等。一个人有"优秀的能力"就能策划和组织"优秀的活动"。

下面，笔者从实战的角度对实体书店几种类型的活动进行分析。

一、如何在书店内组织一场高品质的读书会

其实，读书会最基本的目的有两个：一个是"读书"，另一个是"会"。先说"读书"。读书会的目的当然是促进参与者阅读，激发参与者的阅读兴趣，让大家坚持读书，读更多书。再说"会"，也可以称之为"汇"，指的是"相聚"与"相遇"。读书会是一种相对单纯的活动，它提供了一个很好的交流和交往的平台，陌生人相遇进而成为相熟的朋友，在持续的读书会活动中，经由"相遇"而不断"相聚"。所以，读书会是结识同质朋友的地方，而实体书店正是联结人与人、人与书的空间。

卡兰德以瑞典的读书会为例，指出了读书会的特性所在：一种特殊形式的小团体研读；参与者因共同兴趣而聚集在一起；领导人主要功能在刺激讨论，非扮演一般教师角色；参与者通过相互讨论彼此帮助，目的在于帮助参与者理解和相互启发；虽然有阅读计划和研读材料，但并没有固定的知识或材料，也没有特定要达成的目标，没有测验，没有评分；纯粹自愿参与；聚会时间和地点以参与者方便为原则。

那么，作为实体书店，怎样组织一场又一场高品质的读书会呢？有以下 7 个关键点：

1. 策划接地气的读书会主题。

根据某本书的内容、当下阅读热点、社会现象等来策划主题比较容易吸引读者参与，主题的标题一定要接地气，要抓住读者的兴趣点，

不能空洞地用标语式标题。比如说"书香润心灵，阅读促成长"这类标题只能是阅读推广的宣传语，而不适合作为读书会的主题。

2. 固定时间让读书会常规化。

固定读书会开展的时间对于实体书店来说较为重要。一是利于打造品牌，二是便于培养读者参与书店读书会的习惯，使参与者对下一期有所期待。小型书店可以每一个月举办一次读书会，大型书店可以每两周举办一次。大型书店还可以针对不同类型的读者群策划不同类型的读书会，从而使各类主题的读书会高频率交叉进行。

3. 精准细分读者群是优质读书会的基础。

我们可以根据会员数据筛选可能对本次读书会主题感兴趣的读者，然后通过电话或是线上社交平台邀请，这样更容易引起更多读者的共鸣，让更多读者参与进来。以笔者对读书会的理解，笔者一直喜欢用"有趣的灵魂相遇"来形容读书会的性质。

4. 选主讲者要注重价值观点而不是名气。

笔者听很多书店的工作人员说，名人资源太短缺了，以至于读书会不容易办起来。其实这个观点是错误的。读书会注重的是阅读与观点交流的高价值，名家当然重要，但是不要忘记地方上也有许多有高水平和高价值观点的读者，在某个领域有一定水平的见解就可以是主讲者，就可以带领大家分享阅读。

5. 培养书店自己的读书会主持人。

读书会的主持人在读书会活动中相当重要，必须是喜欢阅读并有大量阅读经验的人。书店需要培养的不仅是主持人，还是读书会的策划者。另外，正如卡兰德所说："读书会的领导人主要功能在刺激讨论，非扮演一般教师角色。"能在读书会上根据话题随时调动大家思考与讨论的主持人为最佳。

6. 读书会重在交流与互动。

读书会不是主讲者的宣读会，应设计更多的读者与主讲者、读者与读者的交流环节，有高强度的思维碰撞，才是高质量的读书会。

7. 线上线下互动让读书会品牌延伸。

笔者策划读书会时，会根据每次不同的主题以及不同的读者建立线上交流群，在读书会最后的环节请读者入群，形成一个读书社群，方便读者在线上随时沟通与交流阅读心得，也方便以后宣传书店的各类活动。其价值不言而喻。

二、让新书发布会和签售会更有效，更有影响力

笔者策划新书发布会或签售会时，首先会通读这本书，找到这本书的核心价值。其次是找来所有关于作者的资料，深度研究作者，有机会时会亲自和作者沟通这次新书发布会或签售会的诸项事宜。笔者自己策划发布会或是签售会的主题时，从来不简单地拉一条"新书发布会"或是"签售会"的横幅，而是根据新书内容以及当下读者的兴趣点，在充分提炼新书核心价值的基础上撰写吸引眼球的、具有话题性的标题，让读者一看标题就感觉正是自己需要的知识和图书。

在策划图书签售会时，除签售这个环节，笔者会在充分了解作者的情况下，挖掘他最擅长的能力并让其发挥出来。比如作者的口才好，那就让他演讲；作者的生活阅历丰富，那就让他分享自己的故事；作者是知识型专家，那就让他讲专业知识；作者会唱，那就让他唱。笔者当年和林清玄一起做活动时，因他善于演讲，活动内容自然是"演讲+签售"模式，效果自然好。但是笔者并不满足，想再次创新，让读者看到不一样的林清玄，激发年轻读者的兴趣爆点。有一次笔者和林清玄聊天，听他在得意时突然唱起歌来，唱得还真不错，于是就建议他在活动上先演讲再唱歌。第二天笔者组织了一场2000余人的见面会，让读者第一次听到林清玄的演唱，现场十分火爆。18年前，笔者曾在《中国图书商报》上发表过一篇《如何挖掘作者最大价值》的文章，讲的就是如何组织发布会和签售会。

关于策划图书发布会和签售会，笔者有4条经验可以和大家分享：

1. 拟定具有话题力的发布会或签售会标题。
注意，关键词是"话题力"。

2. 挖掘作者最大价值。
让作者最大限度地表现自己的才能。这样，读者对作者有了深度了解和认识，而后对其作品感兴趣。这也就是笔者常说的"营销作者"。

3. 设计创新的发布会场景和策划有创意的活动。
也就是说，不能按部就班地用老一套的方式举办发布会和签售会。一是在发布会场景设计上，可以与图书内容结合设计别开生面的现场场景；二是在发布会和签售会过程中，策划充满创意的活动，激发读者兴趣，进而引导读者购买和阅读。

4. 制作精美的演讲 PPT。

发布会 PPT 往往是很多出版社和书店容易忽视的环节，有的 PPT 做得相当土气，难以吸引读者。现在很多电子产品发布会的 PPT 很有视觉冲击力，我们可以研究和学习电子产品发布会的 PPT 制作技巧。

三、书店活动中主持人的专业度越高，活动成功的概率越大

笔者参加过很多书店举办的作家讲座及读者见面会等活动，根据活动中主持人的类型，可将它们大致分为 3 类：第一类是著名的作家或是艺人来书店做活动，书店邀请了当地专业的电视台主持人或是电台主持人主持活动。虽然这些主持人的主持比较专业，但他们多是根据写好的稿子去主持，缺乏对嘉宾个人情况及其作品的了解，使现场效果大打折扣。第二类是书店工作人员充当主持人。然而，书店工作人员毕竟不是专业主持人，他们有时把握不好现场提问及互动环节，导致现场混乱。第三类是书店邀请相关行业内的专业人士担任主持人，如邀请某作家主持另一位作家的读者见面会。然而，在这类活动中，担任主持人的作家有时会在不经意间喧宾夺主，不仅占用大量时间，而且会让真正的主角很尴尬。

那么，在书店举办的各类活动中，一个合格的主持人需要具备哪些素质呢？笔者认为，主持经验、丰富的知识储备、敏捷的思维、过

人的口才都是一个合格的活动主持人应具备的素质。因此，笔者建议书店要引进或是培养专业的活动主持人才。比如：书店可以招聘各大高校播音主持专业的毕业生来书店任职。笔者在策划名家的读者见面会时，会要求活动主持人提前做好功课，阅读嘉宾的作品，了解其个人情况，以应对主持过程中的各类突发状况，更好地完成主持任务。

从专业的角度来看，书店活动主持人应具备以下 5 种条件或能力：第一，普通话要标准；第二，外形要阳光，要有文化气质；第三，要有应变能力，能迅速处理活动中的突发、意外情况；第四，要能引导话题，促进读者与嘉宾间的沟通交流；第五，归纳总结能力强，使读者能更好地理解嘉宾发言的核心内容。

在实际操作过程中，对活动现场的掌控是最能体现一个主持人真功夫的地方。一个好的活动主持人要能快速总结嘉宾所讲内容的核心思想与观点，并善于捕捉活动中的亮点；同时要注意观察读者的反应，随时调整活动节奏。

笔者曾主持过不少书店的沙龙活动，在活动中都会用提问的方式引导嘉宾展开话题，并针对其谈话中有价值的信息进行再提问。这不仅仅是主持能力的体现，更是对嘉宾个人信息的了解以及对其作品深度理解的体现。同时，笔者还会通过不同的方式了解读者感兴趣的话题，从而引导嘉宾在活动中对相关话题进行讲述。

笔者曾主持过一场音乐沙龙，嘉宾是著名的音乐家和音乐评论人。活动中，笔者通过抛出观点引导嘉宾展开话题，然后针对其作品中能引发读者兴趣的信息进行提问，再利用"感情渲染，形象激趣"法邀请音乐家现场进行演奏和讲解。在此过程中，笔者就音乐家的讲解内容引导读者进行提问。最后，笔者利用完美的总结将活动推向高潮，使读者收获颇丰。笔者还曾在青岛传媒书城成功地主持过"书房与阅读"论坛，当时的受邀嘉宾是我国著名作家梁晓声、日本著名作家渡边淳一的女儿渡边直子及我国著名翻译家林少华。

笔者在主持书店的活动时，遇到过冷场的情况。例如：在一次活动中，嘉宾由于准备不足，讲述内容的逻辑性不强，导致在之后的问答环节中没有读者主动提问。面对这种情况，主持人就要有足够的抗压、应变能力，要利用经验稳住局面，使活动顺利进行。笔者在主持书店活动时，也遇到过嘉宾讲述时间过长、读者提问又多的情况。与冷场情况相反，这时就需要主持人巧妙打断嘉宾的谈话或读者的提问。但是，主持人要保证不能让嘉宾或读者感到尴尬。之后，主持人可引导嘉宾和读者对重要话题继续进行讨论，但仍然要控制好时间。

四、邀请名人来书店，要先点燃他们参与活动的激情

书店做活动时离不开名人，参与活动的名人的社会影响力越大，活动效果相对越好。一个知名度高的重量级名人，能大大地提升活动的含金量和传播效果。所以，邀请名人到书店来签售图书或是开读者见面会已经成为时下各大书店做活动的首选形式。

书店邀请的名人要和图书有联系，也就是说受邀的名人出版过图书等正规出版物。当然，名人也会选择书店，他们也会考虑在哪些书

店做活动对其作品的宣传更有利。

我也遇到过书店领导与名人成为朋友，使名人主动来书店做活动的情况。2016年，著名作家、美食家蔡澜先生造访青岛。时任青岛新华书店董事长的李茗茗女士在蔡澜先生到青岛之前，阅读了他的很多作品，做了足够的功课。于是，在蔡澜先生将要结束青岛之旅时，李茗茗女士就巧妙地用一道蔡澜这个吃遍全球的美食家都没有品尝过的地方菜，邀请他再来青岛做客。李茗茗女士向蔡澜介绍了她家乡的特色美食——生腌梭蟹，并告诉他制作的食材及方法。蔡澜告诉记者："有这么一种我没吃过的用生腌法做的梭蟹，等秋天蟹肥，我非再到青岛走一趟不可。"果真，在2017年的秋天，蔡澜如约而至，并在青岛书城签售两本新书——《爱是一种好得不得了的"病毒"》和《忘不了，是因为你不想忘》。

其实，书店要想在没有充足资源的情况下邀请到名人，是个技术活儿。在此，笔者有3个技巧想分享给大家：

1. 深入研究目标名人，了解其需求是成功邀请的基础。

书店可以派专人持续关注目标名人的新闻及各种动态。书店相关工作人员除深入研究目标名人的作品外，对其人生经历、个性特点等信息也要做深入了解。此外，书店相关工作人员可以想一想书店及其所在的城市有哪些可以吸引目标名人前来的条件。小型书店则可以通过大的出版单位向目标名人发出邀请，也可以充满诚意地直接向目标名人发出邀请，以情动人。

2. 策划与目标名人感兴趣的话题相关的活动，可以增加邀请成功的概率。

大多数名人，尤其是一些学者是很有个性和个人独特学术主张的。然而，书店经常举办的多是主题较为大众化的讲座、报告会，很难引起名人的兴趣。所以，书店相关工作人员在仔细研究目标名人感兴趣的话题的基础上来策划相关活动，可以增加邀请成功的概率。

3. 策划创新活动，点燃目标名人参与激情，是成功邀请的关键。

名人作家由于经常参加签名售书及新书讲座等活动，久而久之不免会对类似活动失去新鲜感和参与激情。如果书店工作人员能根据目标名人的兴趣爱好及擅长的专业领域策划形式、内容新颖的活动，点燃目标名人参与活动的激情，就很可能大大增加邀请成功的概率。目标名人也可能因此愿意经常来书店做活动。

五、邀请地方名人，让书店更有影响力

笔者策划黑龙江省佳木斯市的书店开业活动时，书店经理对笔者说："我们这里位置有点偏，发行集团帮助联系的一些作者和名家都不愿意来做活动。这可怎么办呢？"笔者告诉经理，我们并非一定要邀请在全国范围内有影响力的名人，在咱们当地有影响力的名人一样应被视为邀请的对象。于是，笔者就在网上浏览当地的新闻，恰好看到佳木斯市有一位青年人刚刚在全国舞蹈大赛中获得了一等奖，而且其在佳木斯市拥有很多的"粉丝"。于是笔者立即让经理去文广新局联系，想邀请那位舞者在开业仪式上表演其获奖的舞蹈。书店开业那天，现场来了许多舞者的"粉丝"，很好地营造了现场氛围。所以说，书店

不能只把眼光放在那些在全国范围内有影响力的名人身上，而忽视活动所在地的名人的影响力。笔者曾参加过青岛栈桥书店举办的一个音乐欣赏分享会，受邀嘉宾是青岛当地一位著名的音乐评论人、音乐节目的主持人。那天晚上，书店内挤满了这位音乐人的"粉丝"，其中有些"粉丝"还在对活动进行手机直播，大大增加了此次活动的影响力。该音乐人见此情景，当即决定，以后会定期在该书店做音乐活动以及电台直播节目，并且会将自己收藏的一些珍贵的激光唱盘、黑胶唱片放在书店内和读者分享。由于这类地方名人大都是自带流量的，因此书店想邀请其做活动并不容易，也是需要一定技巧的。笔者曾受托邀请某地的一位知名作家到当地书店做讲座。这位作家前两次都拒绝了笔者的邀请。第3次上门邀请该作家时，笔者请了当地的作协主席一同前往。在该作家的家中，笔者首先告诉作家可以在书店内展示他的文学作品，而且笔者可以帮助他联系出版社，出版他刚刚完成的小说。之后，笔者向作家请教了一些文学问题，并请他针对如何提升全市文学爱好者的文学水平提些好的建议。此外，笔者还告诉作家，书店打算购入一些他的小说集用于讲座中的抽奖环节。最后，这位作家终于答应在书店做讲座。在讲座成功举办之后，这位作家主动要求以后免费定期在该书店做文学讲座。现在，该作家的讲座已成为书店的品牌活动，还带动了该市的其他作家参与类似活动。在此，笔者想分享4条书店在邀请地方名人做活动时可以借鉴的经验：

1. 广泛搜集地方名人信息，挖掘其中有用的资源。

这里所指的地方名人不仅包括文艺界的名人，还包括教育界、科技界等领域的名人。他们都可以成为书店做活动时的受邀嘉宾。同时，书店相关工作人员还要多去了解这些地方名人各自擅长的领域，以促进与名人间的交流合作。

2. 真诚是邀请成功的关键。

书店相关工作人员在邀请地方名人做活动时，一定要用诚意和真情打动对方，不要让对方觉得邀请只是单纯的商业行为。

3. 先付出再索取。

书店相关工作人员在邀请地方名人之前，一定要先搞清楚对方需要的是什么。只有先想办法满足地方名人的需要，他们才可能同意来做活动，给书店带来利益。

4. 要有策划和包装的能力。

如果书店相关工作人员可以通过精心的策划和宣传，让地方名人能通过书店活动进一步提升其影响力，势必可以增大与名人长期合作的可能性。

六、书店内办书展并不能等同于展销

人们通常将"书展"定义为图书的展览与展销。许多业内人士认为，书店本身是销售场所，所以在书店内举办的书展理所当然就是展销。

传统实体书店本身确实是陈列与展示图书并进行销售的场所。传统实体书店的经营模式也是"卖场模式"和"产品模式"。然而，笔者主张实体书店应从传统的"卖场模式"转型升级为"阅读文化空间模式"。实体书店应从卖书向卖文化转变，再从卖文化向做文化转变。

笔者建议实体书店将以纯"促销"为目的的图书集中展示与销售活动视为"展销",将展示各类图书产品、宣传图书内容、传播出版与书店品牌为目的的活动视为"书展"。这样做可以大幅度提升书店活动的档次。

上海世纪出版集团曾与诚品书店在台北诚品书店信义店联合举办"书香上海,阅读世纪"书展。该书展展示精品图书5600册(套),全方位呈现近代以来中国出版业的发展脉络,以及上海出版界对于传承中华传统文化、推动优秀作家作品出版发行的实质努力。这类书店书展以传播出版品牌为主,可以使读者在较短时间内聚焦所展出版物,并对其出版单位有较深入的了解。下面,笔者分享组织书展时需要注意的事项:

1. 精准定位,策划主题书展。

书店书展没有必要做成综合型图书书展,因为书店本身就是综合型图书展示场所。书店可以根据其定位以及目标读者群体策划小型书展,如以某作家的作品为主题、以某种类型的图书为主题或以某事件为主题策划书展。

2. 重视书店书展的美陈。

美陈是书店开办书展时必须注意的重要事项之一。如果书店工作人员只是简单地把所展图书摆放在书架上,那么其与普通的图书陈列并无区别,无法凸显书展的意义。开办书店书展时,书店工作人员要根据书展类型进行相应形式的图书陈列,同时可以使用多媒体手段进行陈列，让读者感觉耳目一新。

3. 做有文化内涵的书店书展。

书店书展的目的并不仅仅是将图书陈列展示出来，更重要的是将主题图书的核心内容展示给读者，以引起他们对此类图书的阅读兴趣。例如：书店在举办作家主题类的书展时，可以利用文字、图片、影像等方式向读者介绍作家的相关作品、创作背景、人生经历等信息。同时，书店相关工作人员可以策划与书展主题相关的讲座及沙龙活动来做深度推广。书店书展的目的不仅是推荐图书，推动阅读，更重要的是传播文化。

4. 围绕书展策划相关文化活动。

书店相关工作人员可以根据所展图书的主题及目标读者群体来策划读书分享会、作家讲座、纪录片播放、影片播放、小型舞台剧等文化活动。

七、做好 3 种类型的书店读书分享会

著名作家萧伯纳说过："如果你有一个苹果，我有一个苹果，彼此交换，那么每个人只有一个苹果。如果你有一种思想，我有一种思想，彼此交换，我们每个人就有了两种思想，甚至多于两种思想。"

读书分享会是目前各家书店举办频率较高的一种读书活动。笔者本人也十分喜欢这种活动形式。笔者常与员工分享这样一句话："世

间有两样东西越分享越多，一是爱，二是智慧。"从营销传播的角度而言，读书分享会是能激发读者阅读兴趣、有效传播图书内容的一种活动方式。比如：在中信书店的芳草地分店举办的"跨越时空的对话——《海错图笔记》读书分享会"中，《海错图笔记》的作者张辰亮生动有趣的讲解使读者仿佛走进了神奇的海洋世界。武汉卓尔书店曾举办了一场名为"读书会友，以文修身"的读书分享会。该分享会围绕老舍先生的著作开展，活动内容包括读者赏析根据老舍著作改编的话剧、朗读老舍著作中的精彩章节、分享阅读老舍著作后的感想。荒岛图书馆策划的"无声读书会"也很有创意。该活动内容包括 3 个部分。首先，读者利用 30 分钟的时间介绍自己及自己带来的图书。然后，大家利用 90 分钟的时间静心读书。最后，大家利用 30 分钟的时间分享读后感及参加读书分享会的感受。

最常见的 3 种读书分享会的类型如下：第 1 种是作者与读者分享其创作的图书；第 2 种是以某个作家或某类图书为主题策划的；第 3 种是读者在阅读图书后分享读后感。

那么，书店的相关工作人员该如何在书店内组织高质量的读书分享会呢？笔者总结了下列 6 个关键点：

1. 要有话题。

读书分享会的话题内容可以是一本书、一位著名作家或是一类主题图书。在策划读书分享会前，书店相关工作人员应通过多种形式的读者调查，了解读者当下想要分享的阅读话题。

2. 要有主持人。

读书分享会的主持人一般由书店的营业员或企划部的工作人员担任。担任主持人的书店工作人员一定要爱书、懂书，并且具有一定的主持与组织能力。主持人要能控制活动的节奏并营造轻松的氛围，以引导读者分享自己的体会。

3. 要有嘉宾。

读书分享会的受邀嘉宾可以是作家，也可以是有经验的读者。他们在分享会上应起到引领话题的作用。但是，主持人应控制他们发言的时间，以将更多的时间留给读者去做分享。

4. 要有轻松的分享氛围。

主持人应该营造一种轻松的分享氛围，让读者们可以畅所欲言。当然，主持人也应适当限制每个读者发言的时间，让大家都有机会参与分享。

5. 要有专人负责记录。

书店可以为每场读书分享会委派一个记录人，专门负责记录分享会上读者分享的体会、感受。分享会结束后，记录人可将整理后的记录内容分享到读者微信群中，供大家阅读。

6. 要有传播媒介。

书店可以利用网络直播的方式宣传读书分享会，也可以通过书店微信公众号进行宣传。

八、书店中的"艺文展演"活动需要运用平台模式运营

笔者在为实体书店做转型升级策划时,会将"艺文展演"视为一种复合型业态。从字面含义来看,"展"就是展览,"演"就是演出。"艺文展演"应被实体书店作为一种业态去精心运营。

2016 年,苏州诚品书店举办了"ONE·一个"展。该展览集结了"ONE·一个"应用程序旗下的作者及艺术家,以"书、画、听、看"为关键词,打造了一场文化体验的盛宴。在该展览中的"听"字展区,有一台磁带形状的装置。人们可以通过该装置上的麦克风记录自己的声音,并能在装置的屏幕上看到相应的声波曲线。人们还能获得一张带有二维码的明信片,扫描上面的二维码,就可以在手机上听到自己录制的内容。这类展览是在书店中布置的混合性展览。2015 年,台北诚品书店敦南店举办了一场名为"行动中的民艺:从黟县百工出发"的展览,展出了安徽省黄山市黟县的一些民间手工艺品。这是书店中另一种类型的展览。

笔者曾经策划过在实体书店内举办的各种小型话剧、舞蹈表演、文艺晚会等活动。笔者也曾策划过当时国内首次在实体书店中举办的"室内乐乐团"表演。这些活动都属于"演"的范畴。这些演出形式被国内很多独立书店使用,很好地营造了书店中的文化艺术氛围,为书店吸引了不少读者。青岛书城之前策划的"周末音乐会"的影响力度也相当大,吸引了不少当地读者和音乐爱好者参与。"回声馆"是河南省新华书店发行集团旗下的一家现代复合式书店,曾是郑州市最

早的一家 24 小时书店。在"回声馆"中的半森林咖啡艺术吧里，每晚都会有专业的爵士乐队前来演出，读者可以边读书边欣赏爵士乐。

笔者在帮助实体书店做转型升级策划时，一直强调平台模式。这是因为在笔者看来，未来商业模式的竞争主要是平台的竞争。平台其实是一种即插即用的商业模式，能连接多个参与方（生产者和消费者），通过生成价值和交换价值，使双方产生交互。实体书店不能仅仅满足于充当销售图书的平台，更应该升级为打造艺术消费的平台。因此，实体书店中的"艺文展演"活动应作为一种商业模式来运营。例如：书店可以打造一个为社会中的各种"艺文展演"活动提供空间与服务的平台。笔者在为某书店策划了一场小型话剧表演后，当地群艺馆的工作人员就主动询问书店相关负责人，今后是否能用书店的舞台搞群众文艺活动。当大家习惯选择书店作为各种"艺文展演"的活动场地时，书店相关工作人员便可以利用合作的方式将各类展演活动商业化。

书店在策划组织"艺文展演"活动时，应注意下列 4 个方面：

1. 书店在对外提供"艺文展演"的空间及服务时要体现专业性。

书店应为各类展演提供专业的设备及策划等配套服务。笔者建议书店对营销策划人员进行简单的培训，并将如何更好地策划组织各类展演活动作为重点培训内容。

2. 要善于围绕图书策划创新型展演。

书店可以策划组织图书插图展、作者手稿展、最美书籍装帧展、与图书主题相关的演唱会、与图书主题相关的话剧等展演。

3. "艺文展演"空间与图书销售空间相结合。

展览或演出的空间应与书店中图书销售的空间相结合，这样可以起到相互促进的效果。

4. 创建书店"艺文展演"平台模式，运用平台商业模式进行运营。

九、书店策划演讲比赛与读书报告会要注重服务读者和市场营销

类似演讲比赛、读书报告会等活动，多数书店都在举办。然而，如果我们仔细分析这些活动的过程，就能发现其中多数活动缺乏新意。例如：书店举办的演讲比赛大都是由初赛、复赛、决赛、颁奖仪式等流程组成。同时，类似比赛由于都是在书店的会议厅或外租场地举办，因此起不到拉动书店图书销售的作用。

下面分享一下笔者在为书店策划演讲活动时总结的 8 条经验：第一，根据时下热点话题策划演讲主题，并设计能吸引读者参与的标题。第二，将演讲比赛的海选环节放在书店大厅内举办。这样一方面可以拉动书店的人气，另一方面可以激发读者参与比赛的欲望。同时，围观读者可能会通过微信在朋友圈晒图分享，也可起到对比赛和书店的宣传作用。第三，笔者一般会将演讲比赛策划为一个长期项目。例如：每一届比赛进行 3 个月，其间每周在书店进行 3 场海选。同时，书店可以将演讲者在演讲中提到的图书单独陈列并重点宣传，以拉动相关图书的销售。第四，捕捉选手话题。在一场海选演讲结束后，笔者会请相关工作人员对海选中的优秀演讲选手进行采访，并通过书店微信

公众号进行宣传。第五，让读者参与评选过程，增强其参与感。例如：书店可以利用微信平台让读者参与评选。第六，多媒体方式传播。书店应保证每场演讲比赛都有视频直播。第七，借助榜样的力量。书店可以邀请当地广播电台或电视台的主持人在书店内做一次专业演讲表演。这样做既可以拉动书店人气，又可以激发读者参赛的欲望。第八，在决赛阶段，书店可设计与其想推荐的图书内容相关的演讲题目。这样做可以对目标图书起到宣传作用。

笔者策划的演讲比赛往往可以起到拉动书店人气、打造书店品牌、宣传推广图书的作用。这是一种较为成熟的策划思维模式。

读书报告会与常见的读书交流活动有所不同。多数读书报告会有演讲的性质。书店要想策划、组织一场成功的读书报告会，需要注意下列5个关键因素：第一，读书报告会的主题要能吸引目标读者群体。第二，尽量在书店的大厅中举办读书报告会，以增强读者的参与感。第三，要有专业的主持人来主持读书报告会。第四，要善于利用各种媒介对读书报告会进行传播、宣传。第五，书店相关工作人员要做好"会后"营销，如建立参与者的信息数据库、将参与者转化成书店会员等。

十、活动复盘意义重大，有助于提升书店相关工作人员的活动策划、运营能力

笔者有一年在"世界读书日"前，为一家书店策划了在4月23日当天举办的3场不同类型的创意活动。笔者为3场活动邀请了不少嘉宾，还精心设计了不少有趣的环节。笔者在活动前对书店相关工作人员进

行了简单的操作培训,还为书店撰写了新闻稿。笔者由于23日要到其他城市参加活动,因此无法在书店进行现场指挥。两天后,笔者接到书店经理的电话,说3场活动都十分成功,社会反响很大。笔者听后,高兴地问经理:"那现在呢?"经理疑惑地回答:"现在一切正常啊!"笔者这才意识到自己忽略了对此次活动的后期复盘的指导及再策划。

简单地说,书店活动的策划一般分为前期、中期、后期3部分。前期部分主要包括相关调研和活动策划书的撰写。中期部分主要包括按策划书的内容组织活动及对活动过程中突发情况的处理。后期部分主要是对活动进行复盘。然而,对活动进行复盘并不是仅仅写一篇活动总结那么简单。现在不少书店的活动策划和运营人员每周都要策划、组织各类活动。虽然有些活动并未达到预期效果,但是活动策划和运营人员并未对活动进行复盘,这就可能导致之后的类似活动仍然无法达到预期效果。最终,活动策划和运营人员在一次次无效策划中渐渐失去策划组织活动的信心,感到十分苦恼。

其实,很多时候并不是策划方案不好,而是书店相关工作人员没有在活动后进行复盘。所谓复盘,就是对做过的事情进行回顾,对经验和教训进行总结。如果书店相关工作人员不对结束的活动进行复盘,就相当于白白浪费了许多人力物力,失去了收集数据的机会。正如前文中笔者提到的那位经理,他觉得活动结束就大功告成了,其脑海中完全没有复盘的概念。活动复盘内容主要包括以下3个方面:

1. 回顾活动目标。

书店相关工作人员应该拿出策划活动时定下的活动目标,如计划

"渡边淳一书房"（青岛传媒书城内）

吸引的读者人数、计划图书销售金额等，与实际完成情况进行对比，回顾分析活动的实施情况。

2. 呈现活动结果。

书店的相关工作人员要将与活动目标相关的数据在复盘会议中全部呈现出来。这些数据包括活动中来店的读者数量、老读者与新读者的比例、活动中图书的销售数据等。其中，图书的销售数据要具体到每本及每类图书的数据。目前，许多书店的工作人员在复盘会议上只是简单地总结活动中图书的总销售数据。然而，每一场主题活动中图书的销售数据是不一样的，简单总结的总销售数据并不能起到指导日后图书结构调整的作用。所以，书店相关工作人员还是要对每一场活动的数据进行复盘和分析，并保证销售数据要细化到每本及每类图书。

3. 深入分析原因。

如果活动未能达到预期效果,那么书店的相关工作人员就应该在复盘会议上深入分析其中的原因。例如:活动的宣传文案是否无法吸引读者?活动中出现的意外情况是否没有及时恰当地处理?活动主题是否无法引起读者参与的兴趣?当然,成功活动的经验同样需要总结和分析。

关于复盘,笔者在此想提两条建议:第一,活动结束后,书店相关部门应尽快开复盘会议。因为时间一久,很多活动时暴露的细节性问题可能被遗忘,导致复盘效果大打折扣。第二,书店相关部门的工作人员应彼此坦诚剖析,不相互推卸责任,以尽可能多地发现、解决问题。

复盘的过程就是总结成功经验及反思失败教训的过程,有助于书店相关工作人员能力的提升以及新思路、新思维的激发。

"梁晓声书房"(青岛传媒书城内)

第27讲

以线上线下引流为目的的短视频、直播营销技巧

在这个人人皆媒体的内容为王的时代，不懂在线营销和直播的销售不是好销售。实体书店今后的营销策略，一定是以线上线下相互引流的多媒体营销为重点。实体书店线下的营销要考虑到将读者引流到线上。作为线下营销的延续，线上的营销要考虑如何将读者引流到线下实体书店来体验阅读服务。

过去我们运用博客、微博、微信宣传图书以及书店的活动，很多实体书店还一直坚持做微信公众号。近两年，实体书店大量运用短视频以及直播的方式宣传图书及书店，这种模式越来越成熟，出现了很多优秀的案例。

一、努力提高实体书店微信公众号的打开率

实体书店的微信公众号一直是书店营销传播的利器。微信公众号的信息量大、图（视）文并茂，其内容便于受众转发社群分享。如今微信公众号已经与微信视频号打通链接，形成了完整的图片、视频、文字整合营销链。然而，很多实体书店的微信公众号打开率很低。如何将微信公众号做好，提高它的打开率，发挥其功能，是书店运营团队要进一步研究的。

书店策划微信公众号有以下几个方面的要求：第一，书店要配备文化素养高的青年人来做微信公众号，学历为本科及以上；第二，微信公众号的编辑要善于写作并有一定的业务能力，如果精通广告策划更好，把书店的微信公众号当作一本精品杂志来做，标题要当作广告语来撰写；第三，微信公众号的编辑要有一定的美术素养，能制作出

漂亮的版面，每篇文章所选的图片要精美；第四，做微信公众号的编辑或团队要有一定的营销策划能力，要会营销和运营。如果不懂得读者心理，不能将关注微信公众号的读者引流到实体书店或是引导其在线购买，那么书店微信公众号做得再好也是无用功。

在此简单归纳 3 个对书店微信公众号策划与编辑的要求：

1. 提高内容力。

要拥有较好的内容写作能力和技巧。编辑要从简单的抄摘图书简介向能撰写抓住读者阅读欲望的原创内容转变。同时，标题的写作是重中之重，这是提高公众号打开率的关键因素，因此我们要深度研究什么形式的标题更加吸引读者。例如：《大家正读的一本书》就不如《高管们正在读的一本书，思考 6 个问题》有吸引力。

2. 提高视觉力。

我们处在视觉营销的时代，如果推广图书和阅读的公众号拥有较好的内容，但排版随意、图片模糊，那么也是无法吸引读者阅读的。这里所说的视觉力指的是视觉营销。通俗地说，就是通过视觉的冲击和审美视觉感观提高顾客（潜在的）兴趣，达到推广产品或服务的目的。

3. 提高运营力。

微信公众号的运营能力非常关键，运营团队要思考的是如何增加微信公众号的黏性、如何用微信促成消费转化、如何与书店的营销活动配合、如何多平台推广自己的公众号、如何与读者互动、如何与视频号联动、如何让微信公众号与书店各微信群相互引流并起到营销效果，以及如何让书店微信公众号与书店会员体系联动等。

二、对实体书店短视频、直播营销的几个思考和操作细节

视频营销是书店营销之利器，实体书店要制作具有自己品牌特色的视频。笔者策划和设计果戈里书店、歌德书店、中国红色书店、阜宁书城时都摄制了专业视频广告，这对品牌的塑造起到了积极推动作用。在2016年1月初举办的北京图书订货会上，黑龙江展台上用大屏播放了果戈里书店广告片，可谓惊艳全场，果戈里书店的信息从视觉上很快传遍了行业。2021年笔者策划并设计了合肥育才书店（万科店）和延安延川学习书店，为此拍摄并制作了广告视频，令新书店迅速爆红。鉴于此，书店可以将每一场活动以视频形式记录下来，后期剪辑后放在店堂电视屏上播放，也可以通过微信公众号传播，其宣传效果是文字不可及的。另外，微电影也是比较好的营销方式，虽说投入较大，但如果做得有创意且专业，便可以提升书店的品牌价值。当下，短视频及直播平台十分丰富，短视频、中视频成为大众传播方式，很多实体书店开启了"直播带货"模式。

1. 实体书店做短视频与直播的8个问题

笔者在2021年为几家书店及发行集团做短视频与直播培训时，总结了8个大家关注的问题：

（1）实体书店做短视频和直播有什么用？其一，短视频和直播是比较直观、快捷且有效的传播媒介；其二，它们是比较直接的销售渠道；

其三，短视频和直播是宣传、推广及销售的利器。

（2）实体书店利用短视频和直播卖什么？其一，卖品牌；其二，卖图书及相关产品；其三，卖知识。

（3）实体书店短视频和直播的场景应设在哪里？其一，在书店；其二，在书房；其三，在图书仓库；其四，一切皆场景。

（4）实体书店图书主播式短视频和直播的核心是什么？其一，文案，即能表达图书核心价值的文案；其二，表达，即具有书香气质并有个人魅力的表达；其三，专业，即对书里书外内容的专业度。

（5）实体书店短视频和直播的核心是什么？其一，主播的影响力；其二，图书产品内容的专业性和营销能力；其三，选品；其四，图书的价格。

（6）实体书店做短视频与直播如何取得良好的效果？其一，把书讲好；其二，长时间坚持；其三，拍摄和制作的专业性；其四，矩阵式营销。

（7）实体书店怎样做好短视频和直播？其一，介绍书店以及服务是重点；其二，书店内一切皆场景；其三，直播的内容主体应是活动与服务；其四，向线下引流是目的。

（8）实体书店的短视频和直播业务是外包还是自己做？其一，自己做；其二，培养自己的视频团队和主播；其三，人人皆媒体，人人皆主播。

实体书店的官方视频号最重要的是引流。在运营上，要打破官方号容易出现的刻板形象，不要给读者一种过于严肃以及要教育人的形象。话题要轻松、有趣，选题要接地气。充满生活气息的官方号给人亲切感，能拉近与读者的距离。例如：抓拍书店内的活动、读者的朗读、店里的展演活动中有趣的场景和内容，专业策划在书店里的有趣的故事，举办现场的选书比赛、推荐书比赛等。

实体书店的员工视频号要根据员工的工作岗位，把其服务或所管理的图书作为视频的主要内容，如社科类图书柜组营业员的宣传内容就以社科类图书为主。

2. 实体书店直播的 6 个强技巧

（1）强话题。围绕图书的卖点和作者本人来提炼话题，要选择有知识价值的话题。在直播的策划阶段就需要为这一场直播选择一个话题，并且围绕话题去进行设置。例如：如果做宝妈专场，那么就需要把场景布置成温馨的，甚至可以有一些家庭用品。那么卖什么类型的书呢？产后护理类的、宝妈育儿经、婆媳技巧大全等，这些书籍全部要冠上一个吸引人的宣传副标题。每一本书，可围绕其中的内容来进行探讨，并适当做出一些延伸，如"30 岁男人必读专场""知性女性专场"等。

（2）强互动。在一场直播中设计 20 个左右的互动，每 10~20 分钟互动一次。互动内容可以是知识抢答及游戏，也可以是对观众的提问进行解答，同时还可以采用连线和抽奖活动等。

（3）强自信。自信来自专业。主播要有自信，并且需要具备3个要素：知性、能说、懂货。

（4）强共鸣。选择书中或者作者生活中能直击人心的细节去介绍，比如介绍育儿类图书时，主播可提出一些能够和观众产生共鸣的问题：孩子一到秋冬就咳嗽怎么办？孩子对学习提不起兴趣怎么办？

（5）强娱乐。要有娱乐精神，多才艺，让关注的读者因为爱你们而爱书，因为爱书而爱你们。

（6）强引流。除直接带货外，通过直播引流到实体书店线上销售平台以及线下书店是非常重要的。

3. 实体书店直播的 7 个成功模式

（1）"发布会、阅读分享会 + 直播"模式。这个模式的重点在于多平台同步直播，比如抖音、快手、京东、淘宝等直播平台同步直播，这样能吸引更多的读者观看。

（2）"演艺与才艺 + 直播"模式。演艺是指书店内组织的围绕图书内容的艺术活动，才艺指的是书店员工围绕图书内容或业务所做的才艺展示，这些都可以作为直播内容。

（3）"限时购+直播"模式。直播时可以拿出一两本图书作为促销限时购，以此刺激读者购买。当然，"限时购"不是网上的那种"9块9"模式的超低价，而是组合营销，让读者感到物有所值。例如：买一本48元的图书送一本40元的图书同时再送书店咖啡抵用券，限时使用。

（4）"名人+直播"模式。这里的名人，指的是知识类名人，比如说作家、艺术家、科学家以及各行业有影响力的人物，而不是指某些所谓的"网红"。知识类名人的直播，一定要在直播前、直播中和直播后做足宣传的功夫，最大限度地体现价值。

（5）"创意营销+直播"模式。对于直播营销而言，如果内容缺少创意，那么整个直播就成了广告式的推销，让读者反感。要围绕时事、作者、图书内容等，做好直播内容的创意策划。

（6）"场景营销+直播"模式。书店的场景直播能给读者带来真实感和带入感，引发其对书店、图书或作者的兴趣。例如：在书店做一场绘本亲子阅读活动，现场直播，并做好所讲图书的内容和图片插播。

（7）"引流营销+直播"模式。这里的引流营销就是设计线上线下的引流模式进行直播，这一点对实体书店非常重要。实体书店做短视频和直播的重要目的就是将线上的流量引到实体书店，将实体书店的人流吸引到线上。这就需要进行精心的策划和运营。比如前文提到的直播间买书赠书再加送书店咖啡抵用券的做法，送咖啡券的目的就是引导线上的读者，尤其是线上同城的读者去实体书店进行体验、阅读和消费。

4. 短视频运营的经验与技巧

（1）实体书店短视频的投放和运营一定要注重"同城"概念。实体书店短视频运营核心的目的是线上线下相互引流，那么引哪儿的流呢？自然是要引同城的流量到书店来。吸引同城的流量会让用户的黏度更高，不论是留存、转化还是变现都对书店有好处。抖音应用程序的同城推荐一般是根据短视频上的定位来定向推荐的。因此，一是要打开定位设置；二是发布短视频时一定要打上地域标签，这样可以提高推荐给同城用户的概率；三是如果用抖音应用程序推广你的视频，要设置在同城；四是短视频拍摄要贴近当地生活，有时可以夹带方言，引起同城的话题。

（2）运用"视觉锤"强化短视频的辨识度和记忆点。"视觉锤"是通过创造差异化的视觉非文字形象，在传播和体验中形成对品牌和产品独特的认知，利用的是推力原理。例如：用辨识度高的钢笔做道具，也可用开场固定音效，或用特别吸引人的视频色彩调性做"视觉锤"。当然，如果书店的某个场景在全国有很高的辨识度，那么短视频就可以放在那里拍，达到的效果是一样的。抖音应用程序上有很多成功案例，大家可以去借鉴。

（3）了解抖音应用程序去中心化机制、流量池规则和智能分发系统。抖音给每一个作品都会提供一个流量池，不管你有多少"粉丝"，作品质量如何，作品后续的传播效果就取决于这个流量池里面的数据表现。视频流量分发以附近和关注为主，再配合用户标签和内容标签智能分发。如果视频的完播率、互动率高，那么这个视频就有机会获得更多的推荐流量。抖音的去中心化机制让每一个人的作品都有机会，流量池规则层层递进推荐，抖音在流量池里的数据表现体现在内容的点赞量、评论数、转发量和完播率，这4个数据指标上去了，系统就会把这个内容推荐到更大的流量池，获得更多的播放量。

（4）选择最佳的时间段发布短视频。其一，书店活动预告型短视频，可在活动开始前一周陆续进行投放，起到给活动预热的作用，最好每次投放的视频内容随着活动时间的临近有一定的变化，在活动的前两天所释放的信息越多，越能强烈地激发读者参与的欲望；其二，图书推荐型短视频，可根据不同类型的短视频平台用户的偏好进行投放；其三，直播视频，可用"预告＋直播"的模式，在活动开始前两天进行直播预告型短视频投放，技巧是直播前几个小时密集投放不同的预告视频。

（5）随时关注抖音违禁词更新，学会用"句易网"。抖音有8大禁忌：①硬广、标志；②水印；③盗用他人作品；④涉及武器；⑤黄赌毒、烟酒、文身；⑥地域歧视、民族歧视；⑦涉及政治；⑧攻击侮辱他人。抖音的违禁词是不断更新的，因此要随时关注。这里向大家介绍一个工具——"句易网"，里面有图片违禁词检测，也可以检测敏感词、通用违禁词、美妆违禁词、新闻违禁词等。只要将写的内容输进去，就能自动呈现哪些词不能用，一目了然。

（6）主播式书店短视频要学会场景植入。笔者建议直接将主播式短视频放在书店卖场中，但不要总是在书架前录制，要找一个书店内辨识度高的地方拍，背后就是看书和选书的人群，远远地能看到某处有书店标志等。

做个好书店

BOOKSTORE

OPERATING A GOOD BOOKSTORE

第七章 新消费、新零售、新空间环境下『书店革命』的新策略

笔者2014年开始实践实体书店创新项目，2016年撰写并出版《书店革命——中国实体书店成功转型策划与实战手记》。如今，中国的实体书店不仅进入后转型时代，还将进入"第二次革命"阶段。我们处在了新消费、新空间、新零售环境以及智能化发展中，甚至处在了"元宇宙"这一新兴概念的赛道起点。但是，新零售或智能化并不是在书店放个机器人或是设个无人售书亭那么简单，我们要充分理解"人""货""场"的商业新逻辑，回归阅读的本质，将读者作为核心，去思考实体书店"零售""空间""技术"和"服务"的新策略。

第 28 讲

新零售时代的商业逻辑与实体书店的创新路径

笔者5年前曾尝试合作开展"书店机器人"业务，当时的想法很简单，"书店机器人"作为销售辅助工具，可以向读者提供详细的咨询服务，能准确地回答读者提出的关于图书业务的问题，比如准确地告知读者一本书在书店的哪个楼层、哪个区域、哪个柜架、哪一层，以及关于这本书的内容简介、定价与活动等基本信息，只要达到这个要求就可以。设计这样的机器人程序，需要书店提供详细的书目数据库和即时反映柜架情况的动态库存数据，同时第三方技术公司需要以此为书店机器人设计专用程序，看似简单的需求以及技术，却因种种问题而被搁置，笔者感到很遗憾。笔者曾尝试在书店专设独立空间，做一个24小时无人售书的小型"智慧书亭"，但发现除了让读者感觉新鲜了几天，之后也卖不了几本书。

什么是新零售？传统实体书店如何搭建新零售策略？这些问题值得我们思考。我们没有必要在理论方面研究什么是新什么是旧，纵观零售业演变历史上的变革，零售业在演进上的逻辑，从根本上还是没有突破"货、场、人"这3个核心要素。旧的零售的关注点不在于"人"，正如实体书店一直是以"货（图书）"为核心，围绕"场（门店）"进行布局，"人"到"场"去买"货"，享受销售服务，形成了"场、货、人"模式，即先建一个或大或小的书店（"场"），重金装修，然后根据空间大小算一下能承载多少品种和数量的图书（"货"），然后开业，等着读者（"人"）来书店买书。因此，笔者认为实体书店的危机恰恰在于传统的逻辑与模式。

新零售的"人、货、场"是以"人"为中心，"货"和"场"都围绕"人"进行调整和布局，其"新"的本质是以消费者为核心，为消费者提供更好的产品及体验，并满足消费者的个性化需求。新消费与传统消费相比，具有时尚消费、智能消费、体验消费、颜值消费以及绿色可持续健康消费等趋势和特点。因此，如果真正理解了"人、货、场"，那么就不会盲目地先建一个书店了，而是根据读者的数量、属性等要素去"度身定制（进）"相关图书产品，策划和布置相应规模的实体书店，提供相应的服务。笔者认为，这正是实体书店"第二次革命"的起点。

一、从新零售角度思考实体书店模式创新

根据新零售"人、货、场"逻辑，分析区域读者，实体书店新的模式应是：一是精准获客；二是留存；三是转化。"获客"是指实体书店线上线下全渠道获客，与读者建立有效连接。"留存"是指读者需要的不仅仅是图书产品，还需要阅读引导，甚至是一种新型的美好文化生活方式的提供，策划丰富的内容活动锁住读者。"转化"是指产品和服务整合后，转化无所不在。

二、从文化消费者的需求升级思考运营创新

日本消费观察大师三浦展在《第四消费时代》中就描写过这种趋势。在第三消费时代，人们追求个性化消费和享乐主义，崇尚时尚和奢侈品牌。但是，随着消费欲望的满足，人们的物欲开始减退，开始注重购物体验、人性化的服务和产品功能，由此也就步入了第四消费时代。

从文化消费者的需求升级的角度来思考，消费升级不是"更贵"，而是"更好"，实体书店提供的"更好"可能是：图书及相关产品＋

极致阅读体验＋个性化服务＋社交功能＋文化生活方式＋最短的消费渠道。也就是说，根据新零售时代文化消费者不断变化的需求创新实体书店的运营模式。

三、从"阅读体验"去思考营销创新

对于营销创新，可以从 4 个方面展开：其一，实施实体书店全方位的体验营销战略。体验营销不光是体验产品与服务，还包括感官、情感、精神、行为和文化这 5 个方面的体验。其二，创建新型关系营销。把读者当朋友，一切围绕读者。其三，精准的数据营销，就是基于大数据高效快捷地连接读者。其四，跨界整合营销。

当用户发生变化更迭的时候，能否以他们为核心去构建产品、创新运营和管理模式，这是新零售的核心思维。因此，实体书店现有模式必须重建。2021 年 9 月 17 日，在"实体书店点亮北京文化之光"的论坛上，中宣部印刷发行局局长刘晓凯指出："下一步，我们一要发挥好新华书店骨干作用，引领实体书店加快数字化融合化改革步伐，打造'智慧书店''智慧书城'，加快业态融合、产业链供应链融合和渠道融合，在混业经营中发展主业、壮大主业……"

笔者从新零售、智慧零售的角度对实体书店创新提出 6 个基本路径：

1. 用新零售思维思考实体书店营销战略。

围绕"人、货、场"要素，在新用户、新媒体、新场景条件之上，运用用户思维、极致思维、流量思维、跨界思维、数据思维、社群思维。

2. 构建有效的大数据平台，促进书店商业模式重建。

未来新零售的特点将会包含高度整合、存货共享、会员打通、支付同步。实体书店和传统电商的功能、存在形式都将发生变化，现行商业模式必须进行一系列重构，而这一切，大数据建设是基础，线上线下数据融合是关键。

3. 实体书店从会员制落实数据与分析。

通过数据评估每一个用户的价值并对不同价值用户实施差异化策略，是未来新零售工作的重中之重。客户运营平台基于数据能力，帮助书店识别不同价值人群，并通过精细化的有效触达与营销服务，实现读者的可识别、可洞察、可触达、可服务，最终实现高效运行的连接，提升读者与书店的数据平台。

4. 形成以读者运营为核心的全域营销。

新零售市场中的营销模式是一种全域营销，它涵盖了全数据、全媒体、全渠道，打通消费者认知、兴趣、购买、忠诚及分享的全链路，为品牌传播和运营提供全方位精细支撑。

5. 逐步重塑高效流通链。

"人、货、场"是新零售企业运营的核心，如何围绕"人"科学化管理"货"并提高流通效率是新零售时代对企业的要求。实体书店运用大数据、移动互联、智能物联网等技术完成线上、线下完全融合，实现人、货、场之间的最优化匹配。除统一发行的教材外，今后的图书物流模式会有颠覆性的变革。

6. 实体书店提升"场"的效率。

一切消费者与商品接触的终端，都可以成为书店的"场"，包括实体门店、微商城、抖音及小红书等，实体场景和虚拟场景都是新零售的"场"。我们要清晰地认识到，随着全渠道融合，线上和线下界限越来越模糊，消费者不会考虑你是线上还是线下，而是怎么方便怎么来，自由地在碎片化的场景中切换，这是对实体书店营销创新的挑战。

这其中有一个"智慧零售"的概念。"智慧零售"是指运用互联网、物联网技术感知消费者消费习惯、预测消费趋势、引导"货"源，为消费者提供多样化、个性化的产品和服务。这应是我们提倡的"智慧书店"的基础。

在实体书店提升"实体场景""虚拟场景"效率并融合方面，其一是提升门店"实体场景"效率，按照读者体验为中心的需求以及商品的特性，通过各种科技元素的嫁接以及其他业态的融入，打造更多元、更沉浸化、能满足读者内心需求的文化消费场景，进一步让读者在购物过程中有参与感，并获得很好的文化消费体验。其二是提升"虚拟场景"效率，通过移动支付、大数据、人工智能等技术的应用，打造更多元化、更碎片化的虚拟场景，再结合实体场景，形成"虚实结合"的全流程体验，提升图书等文化产品多渠道流通和读者需求满足的效率。

由此可见，新零售就是效率更高的零售。人、货、场中所有商业元素的重构是走向新零售非常重要的标志，而其核心就是商业元素的重构能真正提高效率。提高零售的效率有3个方面：用坪效革命提升"人"的效率；用短路经济提升"货"的效率；用数据赋能提升"场"的效率。

第 29 讲

"空间零售" "策展逻辑" 将推动书店再次转型升级

2022年1月1日，泡泡玛特旗下潮玩品牌"葩趣PAQU"首家线下旗舰店在上海美罗城正式开业。当天，PAQU X APPortfolio "天生趣造" Snow Angel Mickey 葩趣展同时开幕，展览持续3个月。葩趣旗舰店内除了售卖产品，还设置了潮流文化体验区域，增加了艺术展览功能，是集潮玩艺术展览空间和零售于一体的潮流空间。

同月，沪上阿姨在上海开设了上海首家LAB店，打造了"茶饮+零售+艺术"的体验空间，分为三大区域：一楼是"味觉解码"区域，主要是茶饮产品的制作和销售；二楼是"同频共振"区域，摆设沪上阿姨自有IP产品供售卖，并配备了客座区；三楼是"第六感官"区域，此区域内，沪上阿姨与新锐艺术家不定期合作，展陈声音、画作、摄影、雕塑等多元化的艺术作品。

同月，星巴克全新空间服务"1971客厅"在美团首发上线。顾客通过美团"找空间—预订空间"，然后可选择相应的星巴克门店到店体验。消费者可参加咖啡教室、生日聚会、宠物派对、手语课堂等日常活动，还可在咖啡店开会、玩剧本杀。同月，奈雪的茶将深圳海岸城购物中心的奈雪梦工厂打造成充满中式意韵的"奈雪戏院"。奈雪的茶以《贵妃醉酒》《游园惊梦》《霸王别姬》等中式戏曲为主题，全国首发20多款"奈雪新中式点心"与4款限定饮品，同时推出主题盖碗、折扇等周边产品，上架《奈雪戏院限定戏刊》，传递"看戏、喝茶、吃点心"的理念。

"空间零售"概念在各类线下店萌发，捧红了基于空间的体验式消费，即消费者除购买产品外，现在还可以消费"空间"。"空间零售"是什么呢？是从单纯的售卖商品到利用空间向用户提供附加价值。推出空间零售新业态，其一是为了开辟第二增长曲线，其二是增强消费意愿，实现用户破圈。这给我们实体书店再转型带来很多启发。

为什么线下店大都开始重视空间体验？其一，在需求端，中国20~34岁人口占比已超20%，年轻消费群体已经成为主力。特别是互联网时代消费者崛起，他们拥有强社交需求，重视线下体验，是"空间零售"的目标人群。像小酒馆的顾客中，有61.5%都是为了社交，朋友是最重要的喝酒对象。其二，消费市场规模扩大，到店式消费复苏。据国家统计局数据显示，2021年社会消费品零售总额达44.1万亿元，同比增长12.5%。餐饮业收入同比增长18.6%，回暖的经济形势给线下业态做空间体验以信心。其三，伴随互联网红利的消退，资本开始寻求投资新标的，以餐饮为代表的领域受到关注。在资本助推下，从前被视为投入高、扩张慢的线下业态迎来一波繁荣。

实体书店近几年来升级改造，打造复合式文化消费空间取得了比较好的效果，其实也属于"空间零售"的范畴。不过很多实体书店在真正的阅读体验与专业的服务体验上与业界前沿还有一定的差距，没有上升到"空间零售"运营的消费空间与文化消费的层面。关键问题是，实体书店打造的消费空间与当下年轻消费群体对文化空间的消费要求有不小的差距。

笔者认为，实体书店再次升级时应进行空间重塑，重点应放在"空间零售"上，这应是我们提供文化消费体验和空间消费的升级版本。

"空间零售"属于空间体验场景的运营模式,"策展型零售"则属于空间视觉场景创新概念了。这是实体书店再次升级中空间重塑的重点,而且是最适合实体书店在空间运用的方式。

当下,随着新零售浪潮崛起、Z时代成为消费主体,"策展"已然跻身为一个能带动商业热度的词汇,甚至成为吸引年轻消费者的"高光词"。比如说,近几年,"策展式"购物中心作为实体商业对于新型艺术商业模式的探索,吸引了众多目光。"策展式"商业体通过空间策展、艺术文化、社群活力等多方面赋予商业空间更多的可能性。例如:通过各种艺术装置以及数字艺术展示打造沉浸式场景体验,能带来更多的客流量。以策展思维将商场做成一个"展馆",这种新颖的形式为解决商业同质化的困境提供了很好的思路。大面积视觉冲击和富有趣味的设计是"策展式商业"的自带属性,颠覆传统商业结构,与传统室内空间设计形成强烈对比。同时,无论是商业体还是品牌,通过空间连通与消费者的社交价值链,是抢占客流量先机的必然探索。比如垂直的"艺术空间"的曼谷Siam Discovery、创建年轻生活方式的TX淮海、北京SKP-S、广州首个策展型商业项目YCC等,这种模式目前已经被定义为"策展式零售",给具有文化和商业双重属性的实体书店带来很多启示以及借鉴的可能。笔者认为,今后5年,实体书店的改造以及空间升级,"策展式"是个方向,可以摆脱当下实体书店空间同质化现状,对大型书城以及各类主题书店而言更是如此。

实体书店"策展式零售"模式需要具备超强的文化力、艺术力、销售力。

第30讲

强化阅读服务、阅读推广是生存之本和发展之道

2021年，中宣部印刷发行局局长刘晓凯指出："我们要引导实体书店积极参与全民阅读活动，支持通过政府购买服务参与公共文化服务体系一体建设，增强公共文化产品和服务供给。"中国书刊发行业协会理事长艾立民指出："全民阅读离不开实体书店的建设和有效服务，做好阅读服务工作才是书店的生存之本和发展之道。而创新阅读服务就是要在坚持'两个效益'相统一的前提下，找到最佳的结合点和切入点。"全民阅读离不开实体书店的建设和有效服务，实体书店在全民阅读活动中发挥着优秀内容的推荐者、阅读活动的组织者、阅读体验的服务者等多重作用。离开阅读，失去阅读服务，书店将失去存在的意义和价值。书店作为重要的公共文化服务场所，提供阅读的公益服务是把社会效益放在首位的体现。但是，阅读服务也是一种经营行为，是一个问题的两个方面。创新阅读服务就是要在坚持两个效益相统一的前提下找到最佳的结合点和切入点。

百道新出版研究院院长、百道网董事长程三国认为，书店的未来在于以阅读服务创新，阅读服务创新的价值的实现蕴含在公共文化服务系统与结构之中。

上海大隐书局创建时的定位是"阅读文化整体解决方案提供商"，具体来说，包括实体书店的零售商、文化内容的提供商、公共场馆的运营商以及复合场馆的设计商。目前大隐书局有集聚阅读分享、艺术导赏、文艺演出、艺术展览、创意手作的优质资源共2000多个项目，为团体、企业等全年提供1000多场次的文化内容输出服务。大隐书局创始人刘军认为，实体书店在阅读服务上有3个优势是图书馆所不具备的：开放式的内容集成能力、运营成本的控制能力、优质的现场服务能力。

中版书房是中国出版集团的实体书店渠道，作为一个背靠众多知名出版机构的书店，董事长刘佩英认为，中版书房的定位就是文化空间一体化解决方案的提供商。中版书房重视文化内容的输出和管理，包括图书产品、书单定制、演讲论坛、文化服务、数字图书馆等。比如中国出版集团有20多家出版机构，一年出版1万多种新书，通过中版书房落地，服务于数十家政企机构。

笔者认为，实体书店的"阅读服务"有两个模式，一是常态化，二是产品化：

1. 阅读服务"常态化"。

阅读服务"常态化"是指在实体书店内提供的"阅读服务"，大多实体书店在做，而且做得很好。

2. 阅读服务"产品化"。

阅读服务"产品化"是将阅读服务策划成"产品"，打造公众和企事业可以购买的阅读服务产品。2020年，浙江省委宣传部制定了《关于应对新冠肺炎疫情　开展向实体书店购买阅读服务工作的方案》，并通过实地考察调研，确定了购买阅读服务工作的86家实体书店。2021年，上海发布《关于促进上海全民阅读工作的实施意见》提出：市、区两级公共图书馆应设置盲文阅读、有声阅读专区或专座，各类公共文化设施应提供更多无障碍、多感官阅读服务；拓宽和畅通社会各界为特殊群体、困难群体开展志愿者助读、组织出版物捐赠等服务和捐助的渠道，鼓励有针对性地组织开展乐龄阅读、助残阅读，提高老年人、残障人士的文化生活品质；进一步保障外来务工人员及其家庭，特别是城市新生代外来务工人员的阅读权益。这给实体书店的"阅读服务"产品带来很多机会。

阅读服务"产品化"的策划和实施有两个关键：第一，实体书店要有"政府思维"，善于从政府的角度思考全民阅读以及阅读服务，主动设计并提供阅读服务产品。第二，实体书店要有对公众以及企事业机构阅读服务的专业能力，包括策划力、组织力以及持续的跟踪服务能力。

实体书店融入政府倡导的全民阅读中已经成为共识并一直被积极推动。多年来一直有人在理论上进行探讨，比如说："一方面，实体书店在全民阅读中扮演着社会公共服务角色，承担着优秀读物的推荐者、阅读推广资源的整合者、全民阅读设施体系的完善者、全民阅读需求体系的关注者等角色；另一方面，实体书店扮演着推动产业发展的市场主体角色，承担着主题读书活动的主办者、优秀读物供求的连接者、文化渗透的跨产业融合者等角色。"笔者认为相当正确，但是从实际来看，实体书店往往在角色的扮演上不太到位，比如说，每年的4月23日世界读书日，各地书店在书店内挂条幅，搞几场活动，或是配合政府相关部门在书店搞全民阅读启动仪式，但启动后的第二天，一些活动就没有延续性了。到了第二年，书店再来一场启动仪式。由于书店没有真正担负起全民阅读推广的责任，导致自身失去了很多读者和市场机会。书店千万不能将全民阅读活动仅仅当作一场秀。

笔者认为，能将全民阅读推广策划成书店长期活动才是真功夫。2014年，笔者参与策划的实体书店365天无间歇"朗读者计划"，得到了中央媒体的盛赞，引发了全国实体书店的纷纷复制，现在已经成为实体书店全民阅读推广活动的著名文化品牌。这是较好地运用了策划技巧的成果。策划技巧主要有：其一，策划一种激发读者长期参与阅读的模式，而不是一场偶尔举行的书店小活动。全年365天无间歇，这样活动就会有持续性、影响力，覆盖面广。其二，使读者无门槛参与。只要你喜欢一本书，你就可以在台上用任何一种你熟悉的语言去诵读，可以是普通话、方言，外语也行，这样就确保了参与的广度。其三，使用激励手段激发读者参与，只要你喜欢一本书，在台上诵读3~5分钟，书店就以7折卖给你。这又不失为一个绝佳的营销手段。其四，做优秀的内容包装。笔者为"朗读者计划"撰写的广告语为："朗读，用发自自己内心的声音，感动自己，感染别人。"语言简洁，有号召力。

书店要科学地研究全民阅读推广的要素。总体上看，阅读推广由6种要素构成：目的、主体、对象、内容、活动、效果。阅读推广的各要素含义比较丰富，具有个别性、多样性、可识别性、不可分割性等特点。从实体书店的角度来看，其角色就是阅读推广的主体之一，且是个有固定场所的重要推广主体。推广对象就是读者。"推广内容"更是书店的强项，即售卖的图书。但是，从全民阅读推广的角度来看，书店不能将图书仅仅当成商品，更要作为全民阅读推广的主体，起到引导阅读的作用，即围绕书店的图书内容去策划各类引导阅读的活动。从另一个角度来看，书店引导了阅读，其实也是引发了销售行为，产生了图书销售行为，那就是推动了阅读。这才是我们策划活动的正确思路。

笔者根据配合政府全民阅读推广策划书店活动的经历，和大家分享两个经验：

1. 借力。

借力就是借势，借政府推广全民阅读活动和宣传的势，策划有社会影响力的、属于书店品牌的阅读推广活动。笔者策划的"朗读者计划"就是典型案例。

2. 用力。

用力就是将活动做到位，追求极致效果。我们策划每项全民阅读活动时都要将工作做深做足，长期化、系统化，千万不能浮于表面。每年的活动只能用新的活动叠加，而不是仅仅搞一次性的活动，流于形式。比如：书店组织读书活动比赛，那就年年举办，或是半年一次，做深做透，做成品牌；分不同类型或是主题举办读书比赛，各子品牌形成大品牌。

最后，分享两个观点：

第一，"阅读推广"是一门技术，组织者需要懂阅读，懂读者，懂教育，懂传播。"阅读推广"最核心的是善于运用各种阅读活动手段去"播撒阅读的种子"。

第二，书店"领读者"不是某一个人的事，爱书、懂书、会介绍书，应是每位员工所具备的基本素质。希望我们书店的员工人人都是"领读者"。

做好书店才有未来

这本《做个好书店——成功运营书店的高级修养》迟到了整整两年。2020年1月,此书在北京图书订货会举行了新书发布会,原定当年3月面市。但随后疫情爆发,2020年实体书店遭受重创,近五成书店亏损,不少实体书店闭店停业,面临"生存与死亡"的命题。我和出版社的共识是暂缓出版此书。身处疫情时代,要进一步从运营的技术层面深入研究和探寻实体书店后疫情时代的生存之道。

这两年来,实体书店克服种种困难,在各地政府的大力支持下,不断创新,加速转型,在创新商业模式、拓展经营渠道、强化线上线下营销、提升阅读服务能力等方面积极探索,给笔者提供了更多的思考课题。笔者几乎是将原有稿件推翻重写,增加了近一半的新内容。在中国书刊发行业协会的支持和青岛出版社的帮助下,《做个好书店——成功运营书店的高级修养》终于于2022年北京图书订货会召开前夕正式出版。

笔者不是理论家，而是个实践者，虽在出版界做过不少的"工种"，包括图书策划以及期刊编辑，还曾参与两份期刊的创刊并分别担任主编和副总编，但笔者的根仍是书店。30多年来，笔者做过农村发行员、书店仓库管理员、书店门店主任、多种经营门店主任、图书业务科进货员以及省级图书营销公司经理。年轻时在实体书店曾做过好几年营业员，有不少的销售经验。有意思的是，1996年，受原国家人事部和国家新闻出版总局所邀撰写并出版的《音像发行员技能》成为全国专业技术人员资格考试的教材。应该说，笔者对书店工作"门儿清"。

2014年，笔者开始为全国的实体书店策划转型升级，提供书店定位、商业模式策划、空间设计、文化营销及销售促进策划、员工培训等全程服务，并且"一不小心"成了中国较有影响力的最美书店设计师，一发不可收地策划并设计了26家大小各异、风格不同的书店。这些书店几乎都获过各级别的奖，多家书店被权威媒体报道。2016年，笔者出版了专著《书店革命——中国实体书店成功转型策划与实战手记》，2018年荣获中国书刊发行业协会、中国新华书店协会给予的"中国改革开放40年图书发行业致敬影响力人物"称号，影响力标签为"中国书店转型升级的积极探索者和赋能者"。

除亲自操盘外，笔者是个喜欢思考并乐于分享的人，近年来为各地发行集团和一些书店做培训分享自己的经验，还在"百道学习"开创"书店营销""如何打造实体书店金牌店长五十讲"等音频课程近200讲。笔者喜欢尝试新的传播方式，2021年与百道网合作创办《百道讲书堂》阅读推广视频栏目，以及开设自己的抖音号、视频号"书里书外—三石"并担任主播。

因为有这些实体书店全程操盘的经历和经验，所以有了今天这本《做个好书店——成功运营书店的高级修养》的分享内容。这书虽说有一定的理论架构，但实质是营销实战手册。理论是学来的，而实战技能是自己积累的，思考也是自己的。全书的表达比较个性化，让同行们见笑了。

做书店的没有人不想做百年老店，这是我们的梦想。笔者提出"用打造百年老店的匠心和情怀做个好书店"，"情怀"是指我们的理想与梦想，"匠心"是指能工巧匠的心思，更是指拥有运营好书店的高超技能之心。在《做个好书店——成功运营书店的高级修养》一书中，笔者从书店定位、品牌进化、场景再造、创新形态、商业模式、团队建设、极致服务、终端营销、阅读服务与推广、新媒体传播、新零售与智慧化发展等诸多环节，用30堂精进课的方式和大家分享，在实体书店面临变局之势，寻求破局之道的今天，希望能给同仁们一点点帮助。

在此，感谢中国书刊发行业协会理事长艾立民先生长年来给笔者帮助和指导，并为笔者的小书作序。感谢百道新出版研究院院长程三国先生，以及百道网总经理令嘉女士。感谢所有与笔者合作过的书店领导和员工们，感谢出版业关心和支持笔者的朋友们，感谢青岛出版社及其编辑团队。有你们才有我今天的成绩，有你们才有了这本《做个好书店——成功运营书店的高级修养》的出版。

做好书店，才有未来！

三 石